評価が変わると授業が変わる

—子どもとつくる家庭科—

開隆堂

■もくじ

はじめに

1.「評価」は授業づくりである

授業における「評価」にはどんな意味があるのであろうか。授業の中で子どもが何がわかり，何がわからなかったのかを教師が判定して，評定につなげるものと考えられているのではないだろうか。
「評価」は教師があるものさしで生徒の達成度を測るものではない。生徒をランキングするものでもない。
「評価」は誰が何のためにするのか，この本はそのことを研究した家庭科（技術・家庭科）の授業実践記録である。
「評価」は授業の中で子どもが何がわかり，何がわからなかったのかを測ることで終わるのではなく，その授業が子どもにとってどういうものであったのかをとらえることである。そして，どうすればより子どもと学びを深めることができるのかを考えることである。その意味で「評価」は授業づくりであるということが出来るのではないだろうか。

生徒がどの程度授業の目標に達したかは，授業の方法と深くかかわることである。子どもの学びを深めるために教材は適切だったのか，他の指導方法があるのではないか，学習環境はどうだったのかを吟味することが必要である。
「評価」することで，そもそもその授業の目標は何だったのかを問い直すことを迫られることもあるかもしれない。カリキュラムの見直しが必要になることもある。評価活動を通して，学びとは何かを問い続けるような評価活動が求められるのではないだろうか。

第１章では，「評価」とは授業づくりであるという視点で具体的な授業をとらえ直す中で浮かび上がってきた６つの視点を８つの授業づくりから述べた。
①子どもを見る
②子どもには表現したいことがある
③子どもの声を聞く
④子どもの声を交流する
⑤授業の目標が変わる
⑥教師が学ぶ

第２章では，評価を６つの視点でとらえ直すことで，これまでの家庭科の授業が大きく変わっていったことを11の授業と８つのコラムで示した。

同じ教材を使って授業をしても，「評価」のとらえ方が変わったことで授業が大きく変わっていったのである。家庭科の学びとは何かを問い直すことで授業が変わっていった具体例を示した。

第３章第❶節「評価を授業づくりの視点から考える」では，教育評価を授業づくりという視点でとらえることの意味を述べた。

第❷節「教員養成大学で「評価」を学ぶ」では，教員養成大学の家庭科教育法の授業で大学生と「評価」を学ぶことで見えてきたことを示した。

2. どのように授業づくりを進めるか

鶴田は，「教師の“指導が必要という勘—これこそが評価である—に基づく指導行為”はもっとも重要」「教師の“勘”は“指導が必要と思う質的な判断力”であり，それは教師としての専門的力量に支えられている」と述べている（鶴田敦子「教育評価からほど遠い国政研の評価」,『技術教室』農村漁村文化協会, 2000)。

それでは，教師の勘や力量はどうしたら高められるのであろうか。ひとりで出来ることではない。具体的な授業実践をもとに，複数の同僚と素直に意見を出し合って検討することが必要である。稲垣は医師のカンファレンスを参考に授業におけるカンファレンスの意味を述べている（稲垣忠彦・佐藤学『授業研究入門』岩波書店，1996)。

授業研究におけるカンファレンスとは，一つの事例に対する参加者の判断を出し合って検討を進め，よりよい授業づくりを目指すものである。授業のよいところ悪いところを追求するのではなく，その授業で何があったか，その授業の意味は何か，子どもの発言や行動にどんな意味があったのかを参加者が対等な立場で討議することが必要である。カンファレンスの中で自分では気づかなかった授業の事実に気づき，子どもの発言の意味をとらえ直すことで，次の授業がつくりだされていくのである。VTRで授業を振り返り，生徒の書いたものをもとに話し合い，自分にとってその授業はどんなものであったのかを語る中で，授業と評価が結びつき，自分の評価が修正されていく，教師の専門的力量がついていくのである。

「魚丸ごと一尾の調理」の授業の感想に「ぬるぬるしていた」「血が出て気持ち悪かった」「生臭かった」という記述があった。授業者は，この授業では命をいただくということを学んでほしかったのだが，命の大切さについて述べている感想はないと思っていた。しかし，カンファレンスの中で,「ぬるぬるしていた」「血が出て気持ち悪かった」「生臭かった」の記述はすべて生きていること，命にかかわる記述ではないかという指摘がされた。命の大切さという言葉はなくても，命についての気づきは子どもの記述にあふれていたのである。そのことにカンファレンスを通して改めて気づくことになった。

「なぜひとりで食べるの」の授業では，「この授業の意味がわからない。こんな授業しても何も変わらない」という子どものつぶやきが授業を変えていくことになった。カンファレンスではこの授業の否定ともとれる子どもの発言を，なぜ授業者は重要だととらえたのかが議論され，本来なら聞きたくない，取り上げたくない発言ではないのかと追及された。授業者にはこの発言を取り上げることは当たり前なことだったので，改めて重要だと考えた理由を言葉にしていく中で，新たな授業が展開されていくことになった（伊深，野田『家庭科の授業へのナラティヴ・アプローチ：「なんで」が交流した授業の出来事』日本家庭科教育学会誌，2012，55-2.)。

3. 評価は子どもの学びをつくる方法である

評価を子どもが何がわかり，何がわからなかったのかを教師が判定するものだとすると，判定するためのものさしが必要になる。客観的に測るものさしが必要となるので，評価基準，評価規準をしっかりつくり，詳細なルーブリックを作成することになる。しかし，評価は子どもの学びを知るための方法ではあるが目的ではない。目的は子どもの学びを深めることにある。授業の中の子どものつぶやきや，表情や，作品をとらえて，授業をつくっていくことである。

浜田は，教えるべきことがあるという，この前提を疑わないかぎり，評価の行為には確たる意味があり，あとは評価の技術論のみが問題だということになると指摘している（浜田『教育評価を考える』ミネルヴァ書房，2000）。

家庭科で学ぶことは何か，評価はそのことを問うことである。稲垣・佐藤は，授業は目標の達成を目的とし，その「過程」と「条件」を分析して，教育の「技術」やプログラムを開発してきた。しかし，授業は所定の計画の遂行としてではなく，意図や計画からの「ズレ」の中から学びの可能性をたえず探りだし，その「ズレ」のなかで成立する学びを織物のように編みなおすいとなみとして展開するものとしている（稲垣・佐藤前掲）。

本書は，評価をとおして教室の中でのズレをとらえ，子どもとつくった家庭科の教育実践記録である。

教育現場で家庭科を教える先生方，家庭科の教師を目指す学生，家庭科教育研究者，および「教育の評価」に関心のある方を対象にしている。評価をとらえ直すことで子どもたちと授業を変えていくことができることを提案している。

第1章 評価の研究から見えてきた 6つの視点

❶ 子どもを見る
魚丸ごと一尾の調理

❷ 子どもには表現したいことがある
生活の中のジェンダーを見つめる Ⅰ
生活の中のジェンダーを見つめる Ⅱ

❸ 子どもの声を聞く
なぜひとりで食べるの Ⅰ

❹ 子どもの声を交流する
なぜひとりで食べるの Ⅱ

❺ 授業の目標が変わる
ポテトチップスの授業
チョコレートの授業

❻ 教師が学ぶ
絵本で学ぶ子どもの成長

❶ 子どもを見る

魚丸ごと一尾の調理

「大事にしてない!」

「大事にしてない！」これは，「ねえ，私，みんなの意見を大事にしたかしら？」への生徒からの反応である。いわし一尾をさばいた感想を一つの短冊に書いてもらった。１週間後に生徒の感想から展開した授業後の生徒の反応は，「大事にしてない！」だったのである。

1.「大事にしてない！」

ひとり一尾のいわしをさばき，つみれ汁の調理実習をした。実習後に各自で感想を短冊に書いてもらった。１週間後の授業では，生徒たちが書いた感想を大事にしたいので生徒の感想から授業に入ることを伝え，感想をプリントに刷ったものを配布した。生徒と読み合わせながら，同じような感想を教師が黒板にまとめていった。

生徒の感想は，「気持ち悪かった，怖かった，大変だった，おもしろかった，いい経験だった」と４つにまとまった。そして，授業の最後に，「ねえ，私，みんなの意見を大事にしたかしら？」と発問したのである。私としては，生徒が書いた感想の短冊から授業に入ったのだから，当然「大事にした」と生徒から返ってくるものと思っていたので，「大事にしてない！」という反応に「え？」なぜと思い，「どうして？」と生徒に聞き返した。

生徒たちは「自分で発表したかった」と言うのである。自分で短冊に書いた感想を自分の声で発表したかった。そして自分が発表した短冊を関連した感想ごとにまとめるという活動を，前に出ていって自分たちが黒板でやりたかったと言う。「大事にする」意味が生徒と私との間で大きな違いがあったということがわかった。

この出来事は，その後の授業で「生徒を大事にする」ということは，どういうことか，子どもの声を聞くとはどういうことかを考えるきっかけになった。

2．魚を三枚におろす体験から命のつながりと環境を考える授業

食は命なり，食べ物は命の源であると言われるが，食べることは毎日のことなので，その意識は薄れ，食べ残しも日常的な行為として行われている。

四方を海に囲まれた日本では，魚は栄養価も高く，日本人にとっては大切な資源であり，さまざまな加工，保存技術が発達してきた伝統的食材の一つである。しかし魚介類の消費量は，2001年をピークに年々減少し魚離れが進んでいるようである。魚は調理の手間がかかり，調理法もわからない，生ごみも出るし，食べるのにも骨があって面倒くさいと，生徒だけでなく調理する側からも敬遠されている。つい肉料理になりがちである。ところが「ファストフィッシュ商品」という消費拡大に向けたファストフードの魚の加工品（骨を取り除いたもの）が出てきた。しかし，魚より肉を好む生徒に，魚の切り身ではなく，ひとり魚一尾をさばく学習活動をさせたいと考えた。魚のうろこや皮，血液の色，内臓のどろどろ感，たくさんの骨，臭いを体感することで，魚の命を感じ，魚をおいしく食べる調理

実習をする。その後の授業で魚をさばいたときの自分の気持ち，自分が魚の立場になったときの魚の思い，魚の命と自分の命，命のつながり，生き物の命の尊さ，廃棄や食べ残しの行方から資源循環型社会，環境保全型の社会づくりの必要性を考える力を育てていきたいと考え，授業づくりをした。

⑴ 授業計画（4～5時間）

①「魚の三枚おろし」のレシピをつくろう —1時間

②「魚を三枚におろして，つみれ汁」をつくろう —2時間

＊いわしの手開きをする場合は，1時間で調理実習

③「食物と人間のかかわり」を考えよう —1時間

④「魚の調理から循環型社会」を考えよう —1時間

＊いわしが手に入らないときは，さんまで実習

⑵ ねらい

①魚を三枚におろすことが出来る。

②食物と人間のかかわり合いが理解できる。

③循環させる社会づくりの必要性が理解できる。

④授業で学んだこと，体験，仲間の意見をもとに自分の考えを述べることができる。

⑤意欲的に課題に取り組むことができる。

3. 授業の課題

⑴課題1 「いわしをさばいたときの気持ちはどうでしたか」

＊グニョグニョしてた・血がいっぱいでた・やばかった・気持ち悪かった・骨に身が残った・魚に感謝したい・やる前はやだったけどやってみると意外と簡単だった・大変だったけどおいしく出来てよかった

⑵課題2 「廃棄率を計算する」

課題3 「廃棄率を計算しての感想」

⑶課題4 「自分がさばいたいわしの気持ちになって，いわしの思いや言いたいことなどを，文章や詩にする」(p.10)

⑷課題5 「食物と人間とのかかわりを矢印や必要な言葉を用いて関係図をつくりましょう」(p.12)

⑸課題6「いわしの三枚おろしの廃棄と食べ残しについて，自分の考えを文章にしなさい」

4.「命のつながり」に気づくための支援

⑴ワークシートの課題5 (p.12)

「命のつながり」に気づくためには，ワークシートの中の「○○の世界」に数多くの食材を書き込み，矢印を使って自分の口の中に書き入れることが出来るかである。口の中に入れるということは，食材を食べるという意味であり命をもらって生きていること，入るもの，そして出るものを表す図をつくるということである。出るものというと，生徒は「え?! それも書くんですか」と聞いてくる。プリントは拡大コピーをして黒板に貼る，生徒のそんなつぶやきも例として拡大ワークシートに書き入れてみると生徒たちはイメージが湧き，

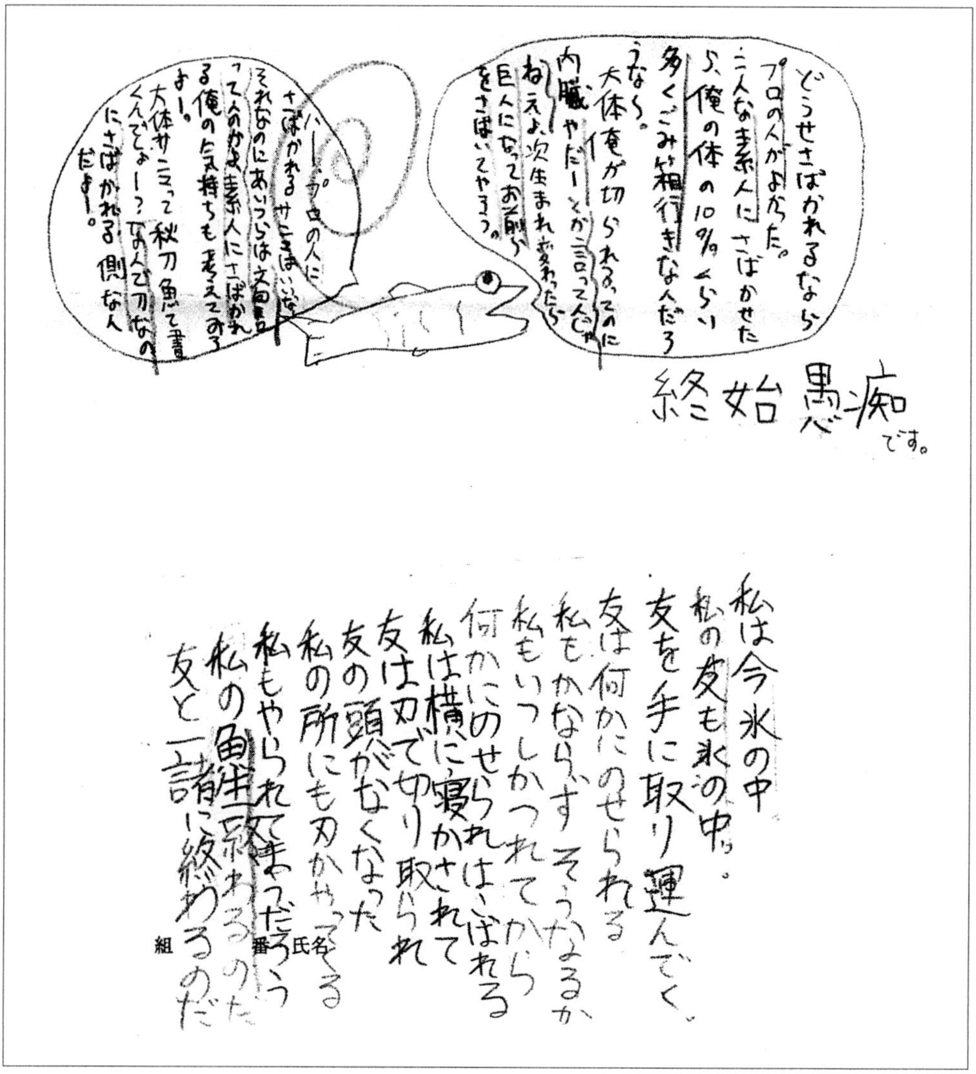

課題４：「いわしの思いや言いたいこと」

書き込んでいける。拡大ワークシートに書き込んだたくさんの矢印から，命の循環・命のつながりを書き込んだワークシートを目で見て，気づくことになる。文章表現は「人間は…」から始まる文を書きなさいと支援した。

＊人間は，生きるためにたくさんの動物や植物などを食べていることを改めて感じた。生きるために動物を殺しているからには，おいしく，全部食べてあげることが大切だと思う。それと同時に，動物や植物に感謝しなくてはならない。私は，食べられることがあたりまえだと勘違いしていたと思う。だから好き嫌いしたり，食べられないから残したりしてしまっていたんだと思う。今回の学習から，上記のようなたくさんのことを学んだ。私たちが忘れていたことを思い起こさせてくれた学習でもあったと感じる。

＊人間はいろいろな生き物の命をもらって生きている。何か一つでも，この世からなくなってしまったら，食べ物がいずれはなくなってしまうことになる。私たちの食べ物はとても大切なのだということがわかった。生き物の命をもらっている

のだから生き物に感謝し，残さないできれいに食べないといけないと改めて感じました。

⑵ **ワークシートの課題6**

さらに大きな「資源循環」についてである。そのときの授業で「調理実習のときの新聞紙に包んで捨てた魚の内臓はどこへ行ったのでしょう」「江戸の生活例からどんなことを考えましたか」とか「給食の食べ残しの行方はどうなっているのでしょう」「ごみ，その先はどうなっているのだろうか」と発問をいろいろ変えている。資料を参考にしながら自分の考えをまとめさせている。

＊食べ残しなどは土に返す。また廃棄物の中に含まれたビニール，ゴミの一部などは石油などの化学物質でつくられたものである。これらは，自然から包装紙などをつくり，なるべく土に返すようにする。物質を元の形に戻すことが大切。ゴミが減る。

＊食べないで捨てられる食べ物がたくさんあって，もったいないと思った。捨てられる食べ物をリサイクルすればいいわけではなく，必要最低限のものだけにすればいいと思う。

生徒の，「もったいない」「食べる分だけつくる」「食べ残さない」「分別する」「土に返す」「物質を元の形に戻す。捨てられた食べ物をリサイクルすればいいわけではない」などの文章から，また「食材の命と自分の命への循環」「食材は必要な分だけ調理し食べ残さない」「廃棄は分別し土に戻したり，リサイクルする」「リサイクルすればいいといった安易な考えではない」などのまとめから本時の目標はおおむね達成したものと思われる。

5．国語の授業の作文

この家庭分野の授業は，他の授業にも広がっていった。国語の授業で，「ありがとう」を伝えようというテーマで書かれた生徒の作文を紹介する。

命をいただきありがとう

人間は誰もが命をもらって生きています。私は「食べる」ということはとても幸せなことだと思います。人間は食べていかないと生きていけません。私は家庭分野の授業で改めてそのことを感じることができました。

少し前の家庭分野の授業のことです。私たちはさんまの三枚おろしをして，つみれ汁をつくりました。さんまの三枚おろしをしていたときの気持ちを一人ひとり発表しました。みんな「気持ち悪い，臭い」などの魚を嫌う意見が多数でした。私も臭いという意見をもっていました。「かわいそう」など魚へ同情する意見もありました。次に魚の立場になって考えてみると，人間に対する怒りの気持ちや「おいしく食べてね」という願いの気持ちや悲しみの気持ちの意見が出ました。魚の立場になってみると，「気持ち悪い，臭い」という意見はよい言葉ではなく，魚にとっては悲しい言葉なんだなあと思いました。確かにそれは実際に

年　　組　　番・氏名

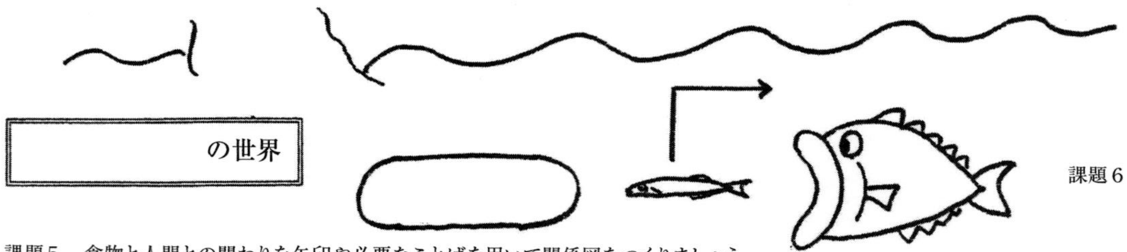

課題６　江戸のリサイクルについてどう考えましたか

課題５　食物と人間との関わりを矢印や必要なことばを用いて関係図をつくりましょう
（入る物，出る物を表す図と考えてよいでしょう）

感じてしまうことかもしれないけれど，一番大切なことは魚に感謝することだなあと思いました。魚にありがとうの気持ちをもって残さずしっかり食べることが魚にとっても一番嬉しいことではないかと思います。

よく考えてみると，人間は食べる以外にも動物や植物などの生き物から命をもらっていました。昔も動物の毛皮を使って衣服にしたり，木で家をつくったりと命をもらっています。それは現在も続いていることです。でも，人間は動物や植物の命をもらわないと生きていけません。家庭分野で，「いただきます」という意味は「命を私の命に変えさせていただきます」という意味でした。私たちは，毎日命をいただいて生きています。そんな全ての生き物たちに「ありがとう」と毎日感謝して生きていこうと思いました。　　　　　　　　（1組　H）

6．生徒が「大切にされている」授業

「私たちは大切にされている」「自分は大事にされた」という生徒の感覚は教師と生徒の関係，そして学習集団の中の自分との関係でも重要である。なぜなら授業は，自分を教師や仲間が認め，さらに学びの発見と感動があり，自分の考えや他の人のいろいろな考えがあることに気づくことによって楽しい授業となると考えるからである。「生徒が大切にされている」授業になることが必要である。具体的には次のようなことを配慮した。

①授業の中で生徒自身が表現する場をつくる（文字を書く，絵で描く，言葉を発する活動など）。

②生徒の反応やつぶやき拾いを授業に入れていく。

③仲間の意見や発言は最後まで聞く指導をする。

④仲間の意見に対して，ただ「反対！」「それは違う」ではなく，自分の考えの理由も発言する。

この授業は，野田知子『魚丸ごと一尾の調理実習の授業と生徒の認識の変化』日本教科教育学会誌，2003, 25（4）を参考に実践した。

（菅野久実子）

【参考文献】

1）『上手にいただきます食の省エネBOOK』，財務エネルギーセンター．

2）『無駄にしている食品の量をバナナで表す』，農林水産省HP資料．

3）石川英輔，『大江戸リサイクル事情』，講談社．

② 子どもには表現したいことがある

生活の中のジェンダーを見つめる Ⅰ

「生徒にあやまりなさい」

ジェンダーを考える授業の中で，ある男の子が「出来ることを“やれ”って言われる」と発言した。授業者はこの発言を「設問と違うから外しておこうね」と授業では取り上げなかった。授業後のカンファレンスで「彼の発言は授業のねらいそのものであったのではないか。失敗に気づいたのなら彼にあやまったほうがいい」と言われ，生徒にあやまることになった授業である。

1．授業の計画

男女平等教育は，あらゆる教科や教育活動の中で進めていくのが望ましいとの考えから，各学年１時間のジェンダー教育の時間を設けている。

・１年次――理想の男の子・女の子
〈生徒自身のジェンダーに気づく〉

・２年次――男女平等
〈ジェンダーの意識を育てることで見えてくる世界がある〉

・３年次――子どもは誰が育てるのか？
〈他の人と意見を交流しながらジェンダーを考える〉

この授業は，“授業のねらい”をどこに置くかによって授業の内容や発問・評価なども変わってくるという考えで研修をしていた研究会で，授業の内容を共有した仲間たちの意見によって，「授業の進め方について教師が生徒にあやまる」という私自身が授業のねらいをとらえ直した２年次の実践例である。

⑴授業は指導案通りに終わった…でも何かが引っかかった

女子は積極的にカードを貼っていき，その雰囲気に誘われるように男子もカードを貼っていった。ところが，男子は……女子は……の枠を超えて，Ａ君が「出来ることをやれ」というカードを貼った。

Ｔ「これはどういうこと？」

Ａ「男だから女だからじゃなくて出来ることを“やれ”って言われる」

Ｔ「そうだね，Ａ君は１年のときの遠足のお弁当も自分でつくってきたものね」

と言いながらも

「でも，今は男性だから……しなさい。と言われたことを聞いている設問なのだから，これは外しておこうね」

と言って授業を進めていった。

そのとき「設問と違うから…？」という生徒のつぶやきが聞こえてきた。

私は，女性だから……でなければならない，男性だから……でなければならない，と言われた発言を求めたのである。“予想される生徒の発言”からその意見は外れていたのだ。

ちょっと気にかかりながらもＡ君のカードは外して授業を進めていった。授業は指導案通りに終わった。授業を終えて生徒のカードを整理しながら，何か引っかかるものを感じた。

Ａ君のカードを「設問と違うから……」という言葉一つで切り捨ててしまった授業の問題点に気づいたのだ。「なぜ，Ａ君のカードから授業を展開しなかったのか？　授業中にそのことに気づかず，指導案に囚われて授業を進めることしか出来なかったのか？」授業は一見スムーズに終わったように見えたが，実は生徒の意見から授業を展開できず，あらかじめ考えていた展開で進め，生徒が書いた１枚のカードにこそ授業のねらいがあったのに…。その意見を授業の展開から外してしまった。失敗であったと認めざるを得なかった。

⑵「あやまったほうがいい…。」「えっ…生徒にあやまるの……そんなのやだ。……」

「評価から授業を考える会」に出席。「ジェンダーの授業を失敗したこと，生徒の発言を生かせなかったこと」などを報告すると，仲間の教師たちからは「授業をしているときに，生徒の発言を生かせず失敗することはけっこうある」「後で考えればわかることでも，授業中にはわからないこともある」「自分の失敗に気づいたのがよかった」などと共感を示しながらも「今までの石川さんだったら自分の失敗にも気づかないかもしれない。指導案通り進めたまとまった授業だったと満足していたかもしれないね」「Ａ君の発言は授業のねらいそのものであったのではないか。失敗に気づいたのならＡ君にあやまったほうがいい」と厳しい指摘がされた。

私は，授業の失敗は認めても，終わった授業について，生徒にあやまることなど考えもしなかった。「あやまるなんていやだ」と言い張る私に仲間たちは「絶対にあやまるべき」と言って譲らない。しぶしぶではあったが，“授業中の発言を大切にしなかった。評価を間違えた”ことは事実なので，次の授業であやまることを約束した。

なぜ，研究会のメンバーは，あやまることを要求したのか？　間違いに気づいた段階で許してくれなかったのか？

2．評価とは，授業がその子にとってどんな意味があったのかを明らかにすること

授業がそれなりの盛り上がりを見せて終了したので，私は授業を通して少しはジェンダーの意識を育てたと自己満足していたかもしれない。しかしＡ君はこの授業をどんな授業だったと意識するだろうか。「自分の意見は先生がまとめとして言っていたことと同じじゃないか？　どうして授業で取り上げられな

かったのか。あの授業は何だったのだろう…」と考えてもおかしくない。実はＡ君の評価を間違えたのだから「先生が間違えてごめんなさい」とＡ君に告げなければ，この授業のねらいが絵空事になってしまう。研究会のメンバーはそういう意味であやまることを要求したのだと思う。

⑴Ａ君ニコニコ……

指導案通りの展開で授業を進めていくことを優先してしまったために，授業の早い段階でのねらいに近い意見（A君の男だから女だからじゃなくて出来ることを“やれ”）は取り上げないほうがよいと判断してしまったのだ。自分の思惑通りに授業を展開したいための失敗であった。私自身がＡ君の日頃の言動が生意気だと思っていて，授業中のつぶやきをあえて拾い上げてあげようという優しい気持ちにもなれなかったのかもしれない。

指導案が，教師の準備した資料を見たり，考えたりしながら，ジェンダーについて考えていくというものだったので，自分の思惑通り授業を展開したくて，途中の生徒の発言を無視してしまったのだ。授業のねらいをきちんと意識していなかったために，生きた授業の展開が出来なかったと感じている。

研究会では，授業の失敗報告を大切に取り上げて議論してもらった。生徒にあやまるなど思いもつかなかった私の背中をおしてもらった。次週に「この間のＡ君の発言“出来ることをやれ”ってとっても大事な発言だったのに，設問と違うからといって取り上げなかったのは間違っていたね。ごめんね」とA君にあやまった。Ａ君はニコニコしながら私があやまるのを聞いていた。

教師であっても，自分が間違ったとわかったときには生徒にあやまること，その姿勢こそがジェンダー教育に広がる必要があることなのだと実感している。授業の展開が生徒の発言によって変わっていくと言うことはよくあることである。ねらいが明確であるなら，生徒が安心して意見を言い合える楽しい授業の展開となるのではないだろうか。

（石川勝江）

【参考文献】

１）レイフ・クリスチャンソン，『おんなのこだから』，岩崎書店，(1999).
２）藤田千枝編，『ジェンダーの世界地図』，大月書店，(2004).

授業の展開「生活の中のジェンダーを見つめる」（石川勝江）

	学習活動	教師の支援（留意点）
導入	1．日本の男女比を知る。	・現代の日本の人口の男女比を板書する。
展開	2．今までの生活で，「女子・男子だから○○しなさい」と言われたことがありますか？ 〈板書〉 ・男子なのに… ・女子なのに… ・班ごとに経験をフラッシュカード（ブルー男子・ピンク女子）に書いていく。書いたものを黒板に貼る。 ・フラッシュカードの内容を確認する。 〈ピンクのカードのほうが多い〉 〈言葉遣い・家事・行儀の内容に分けられる〉 ・「そう言われたときどうだったか」を思い出す。発言する。 ・ジェンダーに関する資料や情報を得る。 ・ジェンダーの意味を理解する。 ・ジェンダーに囚われない生活とは何だろう？ ・ジェンダーに囚われない生活について考え発表する。	・例をあげる ・「家事も出来ないのは女じゃない」「男だったら泣くんじゃない」 ・フラッシュカードには名前を記入させる（発言に責任をもたせるため）。 ・内容の近いと思うところに貼るように指示する。 ・フラッシュカードを読み上げながら同じような内容にまとめる。 ・フラッシュカードを見て思ったことを発言させる。 ・そう言われたとき，どう思ったかを発言させる。 ・「ジェンダーの世界地図」の資料を示す。 ①死亡率の男女差 ②学校に通う子の男女差 ・日本では？ ①家庭科の授業（1958年から1989年まで男子は技術のみ，女子は家庭のみ授業を受けた） ②CMで「君つくる人・僕食べる人」というコマーシャルがブームになった。 ・ジェンダーとは，性別によって異なる行動をするように周囲から言われる。社会や文化から期待される男女の差異＝社会的・文化的性差。 ・直近の衆議院の議員数を提示，人口との対比を考えさせる。 ・女子はピンク・男子はブルーとの教師の指示もジェンダーだった。今はランドセルの色も以前と違ってきている。 ・個性や能力が十分発揮できる社会の実現。
終末	・レイフ・クリスチャンソンの『おんなのこだから』の絵本の朗読を聞く。 ・感想を書く。	・感想を数人発表させる。

② 子どもには表現したいことがある

生活の中のジェンダーを見つめる Ⅱ

「男は寡黙に」

ジェンダーに気づく授業が終わって，ある生徒がこっそり見せにきた短冊に「男は寡黙に生きろ」と小さな字で書いてあった。なぜ授業が終わってから教師に短冊を見せにきたのであろうか。自分は誰によって育てられたのか，家族の家事労働の参加状況はどうだろうかを考えるジェンダーに気づく授業での出来事である。

1．授業の流れ

⑴女性は科学が苦手

導入に新聞記事―「女性は科学苦手」に反発噴出，ハーバード大学長，鎮静化に躍起―を授業者が読み上げることから授業を始めた。新聞記事を読んでから，自分は親，家族からどのように育てられていますか。「女の子だから」とか，「女性は○○でなければならない」や「男の子だから」とか「男性は，○○でなければならない」と言われていることはありませんか。新聞記事のようなことはありましたか。あったら出してくださいと問いかけた。

⑵男子は青，女子はピンク

班活動を主にしている学年であったので，生活班にして出し合うことにした。男子のことは青い短冊に，女子のことはピンクの短冊に分けて書きなさいと指示した。すでにこの言葉がジェンダーなのであるが，この指示が適切であったかどうかである。指示はせず生徒が性差を感じ使い分けるのか，またはどのように色別短冊を使うのかを，質問するかを観察すればよかったと授業終了後に気づいた。あるいはわざと男子はピンクの短冊，女子は青い短冊にする方法もあったかもしれない。

班活動の中で，ある男子の「家庭分野の授業じゃないみたいだ」という発言が聞こえた。また，ある女子からは「差別する言葉ですか？」という質問も出た。１枚の短冊に一つ書くことにして，班で相談してもよいし，「私の家では」「僕の家では」が特にあればそれも書いてよいことにした。

⑶女子が多い

記述した短冊を，黒板にマグネットで貼り，みんなでグループ分けをした。確認した後，気づいたことを出してみた。グループ分けした黒板を見ると，ピンクの短冊（女子）の数が断然多いことがひと目でわかる。女子の内容の多い順にあげてみると，「言葉遣い」「行儀」「手伝い」「服装」などであった（表１）。「泣く」という男女共通の行為があったので，授業者が「男は泣いてはいけないと家の人から言われて育てられていますよね。でも運動会の花である男子全員の＝組み体操＝では，毎年，演技が終わった後，男子が泣いてるよね。大勢の見ている人の前で泣いてるよ」「泣いてはいけないって言われているんでしょ？」と発問すると，少し間があって，「組体はいいんだよ」という男子の小さい声が出てきた。「感激で泣くのはいい」という声，ガヤガヤと男子。あえて結論は出さなかった。みんなが黒板にあげたことはジェンダーであり，ジ

表1　生徒の記述の分類

女　子	男　子
・暴言を吐いてはいけない	・男の子なんだから，しっかりしろ！
・汚い言葉は遣わない	・男の子だからしっかりしなさい！
・言葉遣いに気をつけなさい	・しっかりしてないといけない
・女の子なんだから，言葉遣いは気をつけなさい	
(男みたいな言葉遣いをやめなさい)	・かっこよく
・手伝いなさい	
・家事が出来なければいけない	
・女の子だからまじめに	
・静かにしなさい	
・女の子だから，行儀よくしなさい	
(女の子らしく)	
・女の子なんだからもっと上品に食べなさい	
・かわいく	
・女だから泣き虫	・泣いてはいけない

ェンダーという言葉の意味を板書して，「青の短冊に男子が書く，女子はピンクの短冊に書きなさいという指示をしたけれど，これもどうだろう？　どうして男子は青じゃなければいけないの？」投げかけると，ある男子が「トイレもそうだ」と返ってきた。授業のまとめは，「どんなことがわかりましたか，わからなかったことは何ですか，どんなことを考えましたか」を記述してもらった。

(4)男は寡黙に生きろ

授業が終わり，プリント類など整理しながら教卓にいた。するとある男子が，青い短冊に書いたものを持ってきた。それには「男は寡黙に生きろ」と小さな字で書いてあった。どうしてこれを黒板に発表しなかったのかを聴いた。「僕，これいやなんです」これは，お母さんに言われている言葉で，「自分は寡黙じゃないからいやなんだ」という理由だった。彼は授業者のところまできて表現したかったのであろう。

2．家庭科の授業じゃないみたいだ

まとめの文章から，性差があっていいことってあるのだろうか，性差による差別がなぜ

いけないのか，生活体験を通した意識を耕す時間がさらに必要だと感じた。母親から「男は寡黙に」と言われるが自分は寡黙じゃないからいやなんだと親と自分を見つめたことを，もっと多くの生徒たちから引き出すような授業にしていかなければいけない。また「家庭分野の授業じゃないみたいだ」という生徒の発言から考えなければならないのは，授業者自身が家庭分野という授業をどのようにとらえているのか，何を学びとするのかをしっかりもつ必要があるということである。

（菅野久実子）

【参考文献】

2）藤田千枝編，『ジェンダーの世界地図』，大月書店，(2004).
3）目黒依子，『揺らぐ男性のジェンダー意識』新曜社，(2012).

❸ 子どもの声を聞く

なぜひとりで食べるの I

「こんなこと話し合っても意味ないよ」

足立は，1983年と2000年の調査で，「食事をひとりで食べている子どもの存在」と「ひとりで食べることを望んでいる子どもたち」の登場を示した。足立の調査の結果を家庭分野の授業でどう学ぶことが出来るのだろうか。子どもの生活から授業を始め，子どもの声を聞くことを試みた授業の中で，「こんなこと話し合っても意味ないよ」と授業の意味を問われることになった。

1．授業「なぜひとりで食べるの」

①食卓の風景を描く……… 1時間
②VTR視聴・感想記入…… 1時間
③友だちの感想を批判……0.5時間
④批判理由を発表する……0.5時間
⑤討議　4人グループ……0.5時間（本事例）
⑥グループ討議の発表……0.5時間（本事例）

足立の調査を参考に，①の授業では食卓の風景を描く作業から授業を開始した。②の授業では，食卓の風景を描いた後に，「知っていますか子どもたちの食卓」（NHKスペシャル，1999）を視聴し，感想を記入した。③④の授業では，授業資料として友だちの感想を抜粋して配布し，自分とは違う友だちの考えを共有した。さらに友だちの感想の中から，自分がちょっと違う，ここはおかしいと思う感想を3つ選んで，どう違うと思うか，何がおかしいと思うか批判する作業を取り入れた。同時に共感できる意見，そうか，いいなあ，自分は気がつかなかったけどそうだなと思う意見とその理由も記入した。

「友だちの感想に共感する理由・批判する理由」の具体例を示す。友だちの感想を受けとめて，感想に対する自分の考えを述べていることがわかる。共感した理由と批判した理由として，

H「親が働かないと食べていけないことは，私も思いました。親のためにもひとりで食べるのはしかたがないと思う」

J「…だけど，みんなで食べる中でのチャンネル争いとかも，小さな，コミュニケーションじゃないのかな？」

といった自分の生活と照らし合わせた理由が述べられていた。また，友だちの感想から

E「……そうすれば何かが変われるのかなあ，と思いました」

K「…だから，まずは自分が変えていけばいいと思いました」

といった自分の身に引き寄せて考えた理由が見られた。

共感する・批判する理由の中に，少数ではあったが個人や家族に関するものではなく，社会の役割に気づいている理由が見られた。「夜は5時で終わる会社に就職する」「塾に通うのはやめられないから，ひとりで食べるのはしょうがない」といった意見である。少数の意見ではあるが，このような社会への働きかけの必要性への気づきを，教室みんなのものにする必要がある。本来はここで授業を終わる予定であったが，社会への働きかけの必要性の気づきをそのままにしておくのはもったいないと考え，本論の研究対象授業である⑤⑥の授業で討議を実施することにした。討議の授業では，どんなテーマで討議するのかが重要である。どんなテーマにするか悩みな

授業の展開 「なぜひとりで食べるの」 (伊深祥子)

	学習活動	教師の支援（留意点）
導入	友だちの感想を読む。	VTRの感想を配布。
	友だちの感想の中から，この考えは自分とは違うなあ，この意見はおかしいと思うものを批判する。また，そうだなあ，この意見は自分は気がつかなかったけれどその通りだなあと思うものを選んでコメントを加える。	友だちの感想を読んで，批判する意見・共感する意見を２つ選んでその理由を記述してください。
展開	自分の理由を発表する。	批判した理由・共感した理由を発表させる。
	自分とは違う意見に反論する。	自分とは違う理由から学ぶことができるか。
	他の人の意見を聞いて自分の考えを深める。	他の人の意見と自分の考えをすり合わせることで自分の考えを深めることができるか。
まとめ	クラス討議を通して，ひとりで食べる子どもを自分はどう考えるか意見をまとめる。	ひとりで食べる子どもについて考えることができたか。
次の時間	グループ討議「どうしたらひとりで食べる子どもをなくすことができるか」を実施し，各グループの討議内容を発表する。	４人グループで討議を実施し，発表させる。
		社会への働きかけの必要性に気づくことができたか。

がら，⑤⑥の討議の授業を実施した。

2．討議のテーマを追求される

授業の始まりに，話し合いのテーマとして「どうしたらひとりで食べる子どもをなくすことが出来るのか」を教師から提示した。すると，いきなりひとりの生徒が前に出てきて，討議のテーマについて異議を唱えた。「先生，この話し合いのテーマはおかしくないですか。だって先生，ひとりで食べることはいけないことなんですか。先生はひとりで食べることはいけないことだと思っているんですか」と生徒に詰め寄られたのである。授業の中で，教師はなるべく自分の意見を子どもに示さないように心がけてきていた。個人的には子どもがひとりで食べることはあまりいいことだと考えていなかったが，ここまで自分の考えは表には出してきていない。それなのに教師が示したテーマは「どうしたらひとりで食べる子をなくすことが出来るのか」である。納得できないのは当然であろう。詰め寄ってきた生徒は，テーマが示されたとき，「先生は今まで隠していたけど，ひとりで食べることをいけないことだと思っていたんですね」と感じたのではないだろうか。実は授業を始める前に，どんなテーマにするか迷っていた。はじめに考えていた討議のテーマは，「ひとりで食べるのはいけないことか」であった。「どうしたらひとりで食べる子をなくすことが出来るのか」というテーマに変えたのは，社会への働きかけの必要性に気づいてほしいと考えたからであった。詰め寄ってきた生徒に，こう答えた。

「鋭い指摘だよね。でも，話し合いを進めるためには，テーマをしぼらなくちゃいけないよね。自分とは違う意見かもしれないけど，話し合いのためにテーマは決めなくちゃいけないでしょ。今日はこのテーマで話し合ってみて」

質問した生徒は，私の説明に，納得したわけではないようだった。納得はしていないけれど，自分の疑問を言葉に出来たことには少しだけ満足した様子で，席に戻っていった。

討議が始まった。一つのグループを４人にしたのは成功だった。いつもの６人のグループのときより活発な意見交換がなされている。「もう，そんな方法は考えられない。時代が違うんだよ」「でも，ひとりで食事をするってやっぱり変だと思う」「じゃあ，どうすればいいんだよ」「先生，無理，俺たち方法なんて考えられない」というグループもあれば，意見がまとまらず，「発表する案を２つにしてもいいですか」と尋ねてきたグループもあった。

グループ討議の内容は黒板に記述して発表した。黒板に書かれた12グループの討議の結果を発表した内容を４つのカテゴリーに分類した。「社会への働きかけの必要性」を指摘したグループが５グループあった。「広報・説得」の必要性を述べたグループが３グループ，「学校や塾の対応」の指摘をしたのが３グループ，「気持ちの問題」としたのは１グループである。グループ討議の結果では社会への働きかけの必要性に気づいているグループが多かった。

グループ討議が終了したグループから各自の考えをワークシートにまとめた。グループでの結論と自分の考えは違ってもよいこととして記述した。討議後の記述では，自分の生活の現状から「塾について」の記述が18項目と多い。また，塾に行かなくてよいように「学校の質」への記述も５項目あった。また，「親の姿勢」への記述が６項目，「仕事から早く帰る」記述が４項目あった。「社会のあり方」の記述は４項目であったが，「仕事から早く帰る」と合わせると８項目となる。視聴したVTRにおいて，TVを見ながらひとりで食べている子どもが取り上げられていたことから，「TVの問題」の記述が３項目あった。全体として塾や学校，親についての記述が多く，自分の生活からひとりで食べる子どもを減らす方法の記述が多く見られた。グループ討議の後で自分の生活にもう一度戻って記述していることがわかる。

3.「こんなこと話し合っても意味ないよ」

発表が進む中で，教室の真ん中に座っているＩ君が黒板を見つめ，腕組みしてつぶやいた。「こんなこと話し合っても，何にも変わらないんじゃないの。こんなこと話し合っても意味ないよ」教室では発表が続いていて，このつぶやきが聞こえなかった生徒もいたかもしれない。このつぶやきに一番反応したのは教師である私自身であった。実は私も，黒板に書かれたグループ討議の結果を見ながら，

Ｉ君と同じことを感じていた。Ｉ君は教師の思いを代弁していたのだ。こんな話し合いは意味ないって思っている生徒は他にもたくさんいるのかもしれない。この発言は重要であると感じた。このつぶやきをこのままにするのはもったいない，と思った。このとき，授業終了まであと５分しか時間がなかった。時間がない。でもこの発言をこのままにしておけない。

「みんな，時間はないけど，Ｉ君の発言に意見をください。１行でもいいからＩ君の意見にコメント書いてください」

もう残り３分を切っていた。だから全員がＩ君の言葉にコメントを書くことは無理だろう。何人かでも書いてくれたらそれでいいと思いながら授業を終了した。

4．こんな話し合いは意味がないか

Ｉ君を除いた35名中31名がＩ君の発言にコメントを記述している。４名は未記入である。31名の中で，Ｉ君に賛成の意見が６名。Ｉ君に賛成だが，自分の意見を加えていたのが14名，Ｉ君に反対の意見は11名である。31名の中でＩ君に賛成の６名を除いた25名の中で，「自分たちがどう考えるか」が12名，「社会への働きかけの必要性」が９名，「未来につながるかもしれない」が４名であった。同じ生徒のグループ討議の後，Ｉ君の発言を聞く前の記述とＩ君へのコメントの比較から読み取れることを述べる。Ｉ君に賛成しているＡは「国としてやらなければ減らすことは出来ない」と考えている。しかし，同じ賛成でも，Ｂは「結局想像で終わる。こんなことで変わったら社会が成り立たない」とコメントしており，ひとりで食べる子どもの問題は，「親がしっかりすればOK」だと考えている。同じ賛成でもＡとＢの理由は違っていることが読み取れる。Ｉ君に賛成しているがコメントを加えているＣとＤは政治の働きの必要性に触れた記述をしている。また，賛成だがコメントしているEと反対しているFは賛成と反対と立場は違うが，話し合うこと，伝えること，生活の中から始めることから何かが変わると述べている。反対しているＧは討議後の記述では塾のあり方の記述をしていたが，Ｉ君へのコメントでは変わらないじゃなくて「変える」のだと自分たちの問題としてとらえようとしている。また，反対しているＨはグループ討議後には「家族でアフリカへ行け！」と問題から逃げてしまっているかと思われる記述をしていた。しかし，ＨのＩ君へのコメントは，私にこの授業の意味を再認識させるものであった。「何のためにこの話し合いをしたのだろう。それを考えてほしい。今，話したことが未来につながるかもしれない」Ｈのこのｉ君へのコメントを読んで，授業者である私は「そうだ，私はこの話し合いが未来につながることを願ってこの授業をしていたのだ。話し合って解決策を見いだすことが目的ではない。話し合うことで，家庭だけでなく，社会への働きかけもなければ解決することは難しいことに気づいてほしい，これからの自分の食生活を考えてほしいと考えていた」と

いう自分の思いに改めて気づくことになった。授業者である私を含め，Ｉ君の問いかけに答えることで「どうしたらひとりで食べる子どもをなくすことが出来るのか」という討議の内容を深めることになった。

５．この授業で起きていたことの意味 （授業後のカンファレンスから）

友だちの感想を批判するという活動が，この授業の展開で重要な手立てであった。カンファレンスでは，批判する活動を取り入れたのはなぜか，その理由を問われた。授業後に感想を書かせることはよく実施していたが，これまでは教師だけが感想を読んで楽しんでいた。あるとき，大学の教師に子どもの感想を紹介していたとき，感想を教師だけが楽しむのではもったいないというアドバイスを受けた。そこで，子どもの記述を抜粋してプリントにして配布し，次の授業で読み合う授業を展開した。しかし，ただプリントを配布して読み合うだけでは，それぞれの考えを交流することは出来ていないと感じていた。「ああ，そういう考えもあるね」とか「おもしろいけど，僕は違うなあ」と思って終わってしまっていた。他者の考え方に触れて，自分の考えとすり合わせ，自分の考えを深めることは出来ていなかった。何とか教室の中で他者と意見を交流し，自分の考えとすり合わせる方法はないかと模索を続けていた。北川(2005)は，フィンランドの国語の授業で，グループで批判し合って作文を完成させる取り組みを紹介していた。作文を完成させる授業では，子どもの提案で共感することも取り入れたことが示されていた。このフィンランドの作文の授業を参考に，友だちの感想を批判・共感する作業を家庭分野の授業に取り入れることにした。

「こんなこと話し合っても，何にも変わらないんじゃないの。こんなこと話し合っても意味ないよ」というこの授業の否定ともとれるＩ君の発言を，なぜ授業者は重要な発言ととらえたのか。本来なら教師としては聞きたくない発言だったのではないか。普通だったら取り上げない発言ではないかと疑問が出された。カンファレンスにおいてこの疑問が出されたとき，授業者はとても驚いた。授業を否定するような発言だということは理解していたが，取り上げないということは考えられなかったのである。授業はもう終わりかけていた。時間はなかったが，この発言をこのままにはしたくないと強く思った。カンファレンスで指摘されるまで，自分がなぜこのつぶやきを重要と判断したのかということは，考えてもみなかったことであった。自分にとってはごく当たり前のことだったからである。同時に，実は教師も発表を聞きながらＩ君と同じことを考えていたということに授業者自身が改めて気づいた。カンファレンスで問われてはじめて，黒板に書かれたグループ討議の結果を眺めながら，教師である自分自身がＩ君と同じことを考えていたことに気づいた。あのとき，授業者である私は，自分の考えていることをＩ君が言葉にしたと感じていたのである。だからこそ，重要なつぶやきだと思ったのだ。

さらにカンファレンスでは，それでは，なぜ教師はⅠ君と同じように，この授業の意味を自分で授業をしながら問い直していたのかという点も問われた。なぜ，「こんなこと話しても意味ないかもしれない」と授業者である私は黒板を見ながら思っていたのだろうか。難しい問いである。カンファレンスのメンバーとともに悩んだ。議論の中で浮かんできた仮説は次のようなものである。

授業を始める前に教師は子どもたちと学びたいことをもって授業に臨む。この授業では，討議を通して社会へ働きかけることへの必要性に気づいてもらいたいという思いで教室に入った。そのこと以外は，絶対的なものはないのである。授業の方法や討議のテーマも絶対的なものではない。授業の直前までテーマをどうするか迷っていた。討議の前にテーマがおかしいと子どもに詰め寄られることもあった。場合によっては，テーマを変えることもありえたのである。さらに，教師自身が，こんなこと話しても意味がないかもしれないと思うことが出来る姿勢で授業をしていた。そのことがⅠ君のつぶやきを生んだのではないか。カンファレンスからは，教室という場で子どもと教師がともに学ぶという姿勢が，子どものつぶやきを生み，学びを広げることにつながるのではないかという仮説が浮かび上がってきた。

この授業では，討議のテーマとして「ひとりで食べる子どもを減らす方法」を提示したことで，社会のあり方への働きかけの必要性に気づくことが出来たが，「ひとりで食べること」について子どもの声を十分に聞くことは出来なかった。2009年に「ひとりで食べること」について子どもの声を聞くことを課題とした授業を実施した。2009年の授業については第１章❹に示す。

この授業は次の論文にまとめられている。

伊深祥子・野田知子，(2012)，日本家庭科教育学会誌，55 (3)．

（伊深祥子）

【参考文献】

１）足立己幸，『子どもたちの食卓―なぜひとりで食べるの』，日本放送出版協会，(1983)．
２）足立己幸，『子どもたちの食卓プロジェクト"知っていますか子どもたちの食卓"食生活から体と心が見える』，日本放送出版協会，(2000)．
３）表真美，『食卓と家族』，世界思想社，(2010)．

4 子どもの声を交流する

なぜひとりで食べるの Ⅱ

「何でだよ」

子どもの声を聞くことが大切であると考えて，家庭分野の授業を展開してきた。しかし，ただ子どもの声を聞くだけではなく，教室の中で子どもの声を交流させることが必要ではないだろうか。この授業は子どもどうしで「何で」と追及し合い，最後には教師が授業の意味を「何で」と問われた授業である。

1．家庭分野の授業でどう学ぶか

足立己幸は，ひとりで食べる子どもたちの問題点を指摘している。しかし，家庭分野の授業ではひとりで食べる子どもの問題点は，指摘したり，分析する問題だけではなく，何とかしなければならない問題である。授業としてどんな展開をすれば，少しでもその問題を解決することが出来るのであろうか，どうすれば子どもたちの生活を少しでも変えることが出来るのだろうか。さまざまな「書く」作業を取り入れ，さらに書いたものを交流させることが有効ではないかという仮説を立てた。「子どもの感想をそのままにしない」授業を展開することで，授業を深めることで，ひとりで食べる子どもという問題を生活レベルで変えることを目標とした。

2．授業でどんな出来事が起きたのか…授業計画第3限

あるクラスで，「友だちの書いた意見を批判する理由を発表する」授業を行っていた。批判する理由の発表が進んでいたが，特に深く考えられた批判の理由が出されることはなかった。「このクラスは議論が出来ないまま授業が終わるのかなあ，ちょっと残念だけどしかたないかなあ」と思って授業を進めていた。すんなりと授業が進むので，時間にも余裕がある。いつもは時間が足りなくて実施しないことが多いのだが，共感する理由の発表に授業を展開した。すると，金田君がひとりで食べることに共感する理由を説明しているとき，いきなり黒川君から声が飛んだ。

「何でだよ。何でそう思うか言ってみろよ」

授業の構成

第１限	夕食の風景	・夕食の風景を絵で表現する ・いっしょに食べた人　　話した内容 ・そのときの気持ち
第２限	VTR視聴	・ここまでの学習の感想を各自で記述する ・個人で考えをまとめる
第３限	他者の意見を批判する 共感する 討議	・他者の意見を知る ・各自で批判する意見，共感する意見を選びその理由を記述する ・各自が考えた批判する理由，共感する理由を発表して討議する

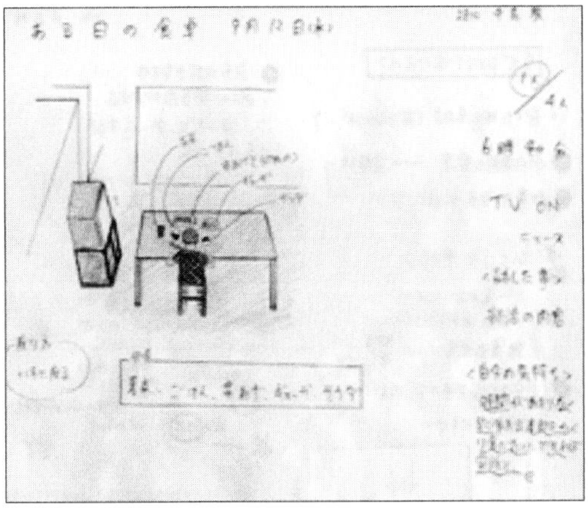

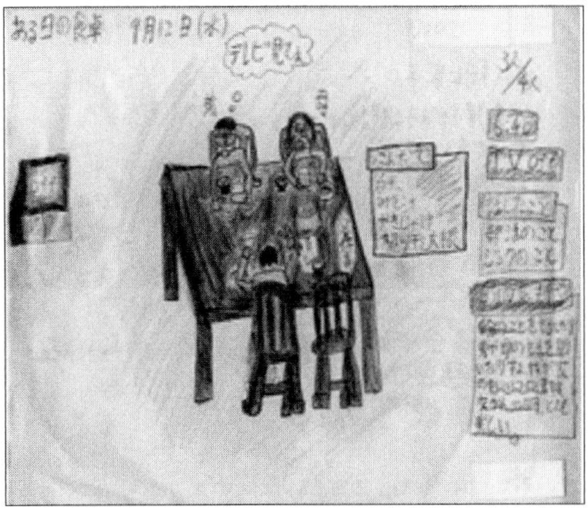

金田君も応戦した。

「だって，俺んちだって，他の家だってひとりで食べてるじゃないか」

と議論が交わされ始めた。教師である私も口を挟んだ。

「黒川君は金田君の意見に納得できないのね。それはなぜか，もう少し言葉にしてよ」

黒川君の説明に「何でだよ」と河本君も参加してきた。「何でだよ」がはやり言葉のように飛び交ったのである。何だかこの展開はうれしかった。私はこういう展開がしたかったのである。こうやって意見を交換することに意味があると思っている。ひとしきり議論が続いてから，

「絶対こっちが正しいっていう結論はないよね。違う考えを話し合うことが大切なことだと思います」

とまとめた後で，

「他に何でだよ，って思うことはあるかな」

と問いかけてみた。すると，阿久津君が一番後ろの席でまっすぐに手をあげていた。

「阿久津君，なあに」

と気楽な気持ちで聞いてみた。すると，

「先生，僕，この授業の意味がわかりません。こんな授業をやって何か変わるんですか」

教師である私に「何で」攻撃がきたのである。望むところである。何だか本当にうれしくなってきていた。阿久津君は，教師である私にこの授業の意味を問うているのである。

「今度は先生に「何で」攻撃がきました。そういうことだよね。阿久津君はこの授業をしても何にも変わらないんじゃないのか，この授業には意味がないんじゃないのかと言っているんだよね。……そうだね。この授業をしても何も変わらないかもしれないね。何で私はこの授業をしているのかなあ。……きっとね，きっと，さっきの議論みたいに，金田君と黒川君がまったく違う考えだったでしょ。生活も違うんだよ。毎日家族がそろって食べている家もあるし，いつもひとりで食べている人もいる。でも，話し合わなければ違うってこともわからないじゃない。自分の家のことしかわからないよね。違うことがわかって，議論して，そこから何かが始まるのかなって先生は思っているんだと思う。もしかしたら，何にも変わらないかもしれないけどね。少なくとも変わるきっかけになるかもしれない……って思ってこの授業をしている気がする。今，阿久津君に聞かれてそう思った。阿久津君，これでいいかな。うまく言えないけど」

阿久津君は私の答えに納得してくれたのだろうか。納得はしていないかもしれないけれど，自分が「何で」と問いを発することが出来たこと，そしてその問いかけに教師が何とか答えようとしたことには満足してくれているように見えた。

「今日の授業は，本当におもしろかった。「何で」攻撃がたくさん出て話し合いが出来たし，

先生にまで「何で」攻撃がきてとてもいい授業だったと思う。今日のこの授業を受けて考えたことを書いて授業を終わりましょう」

3.「授業で起きた出来事」を解釈する

黒川君が「何で」と金田君の発言に問いかけたのはなぜであろうか。阿久津君が授業の意味について「この授業の意味がわからない。この授業をやって何か変わるんですか」と教師に問いかけたのはなぜであろうか。「書く」ことで，一人ひとりが自分の考えを深め，授業という場において子どもが表現する場を設定することに意味があったのではないかと思う。他者と考えを交流する場としての授業が子どもの思考を深め，生活を変える行動へとつながる可能性をもつと言えるのではないだろうか。

金田君に「何でだよ」と声を発した黒川君は，

「けっこう楽しかった。この授業でみんなの意見をよく知ることが出来たのでよかった」

と話し合うことの意義に気づいている。黒川君に「何でだよ」と問い詰められた金田君は，

「自分はみんなと違っていると思ったが，意見を変えない」

と話し合った上で自分の意見を変えないという選択をしている。話し合いのときは黙って聞いていただけだったが，新田君は金田君とは違って，

「話し合いとかをする間，みんなの意見を聞いている間，ひとりで食べるのも納得できる気がした。少し考えを聞いている間に，自分の意見も変わってくるもんだなと思えた」

と話し合いによって自分の意見を変えていた。人の意見を聞くことによって自分の考えが変わることに驚いたようである。

最後に教師に「この授業の意味がわかりません」と問うた阿久津君は，

「今日は，先生とこの授業の話が出来てよかった。僕はこの授業に何の意味があるのかわからなかった。だから，あまり真剣に取り組めなかったけど，今日，先生の話を聞けて，だいぶ共感できた。とてもよかったと思った」

教師である私といっしょに授業が出来たことを「よかった」と評価してくれていた。それは，まず，自分の疑問を現すことが出来たことの満足感ではないだろうか。さらには，自分の発した疑問に教師が応えることで，授業の目的がはっきりしたからではないだろうか。阿久津君の発言によって，阿久津君だけではなく，それに応えた教師にとっても，その教室にいた他の生徒にとってもこの授業の目的がはっきりしたのである。

4. 議論が起きるために

私はこの授業の途中で，「今日は，このクラスはもう議論は出来ないかもしれないな」と思っていた。そのことにここまで授業の出来事を語ってきて気がついたのである。これは重要なことではないだろうか。「今日は，このクラスはもう議論は出来ないかもしれないな」と思うことは，言い換えれば，「議論

が起きない可能性」を認めているということである。いつも今回のような議論が起きるわけではない。何も起きないかもしれないけれど，何かが起きるかもしれない。そういう危険性というか，遊びをもって授業をしていたということである。危険性があるということは，可能性があるということでもある。あらかじめ教師が予定していた流れで，決まった答えが返ってくる授業ではなかったということである。生徒から何も返ってこないかもしれないし，もしかすると生徒に授業の意味を問いただされるかもしれない。この授業では，教師がそういう危険性を恐れずに授業に臨んでいたのである。実際に他のクラスではまったく違う出来事が起きた。あるクラスでは，ひとりで食べることに反対する意見を述べている子どもに，

「おまえの家はいっしょに食べてないじゃないか」

と非難する声が出た。すると，

「親父は残業，残業って帰って来ないけど，それはおかしいと思っているんだよ」

と本気でけんかになってしまった。またあるクラスでは，ひとりで食べることのよい点をめぐって議論が起きたこともあった。同じ教材で同じように授業を進めているのだが，教室という場で起きる出来事は違ったものになったのである。そのとき，その教室にどんな子どもがいて，その子どもにどんな生活があるのかによって，授業の展開は変わっていくのだと思う。

この授業は次の論文にまとめられている。

伊深，野田『家庭科の授業へのナラティヴ・アプローチ：「なんで」が交流した授業の出来事』，日本家庭科教育学会誌，2012，55-2.

（伊深祥子）

【参考文献】

1）足立己幸，『子どもたちの食卓―なぜひとりで食べるの』，日本放送出版協会，(1983).

2）足立己幸，『子どもたちの食卓プロジェクト“知っていますか子どもたちの食卓”食生活から体と心が見える』，日本放送出版協会，(2000).

3）表真美，『食卓と家族』，世界思想社，(2010).

❺ 授業の目標が変わる

ポテトチップスの授業

―社会に働きかける授業―

ポテトチップスの表示について学ぶ生徒の調べ学習で，「うすしお」と「うすしお味」の表示の間違いが発表された。この発表から，N社のポテトチップスの表示が改められることになった。
授業の目標が大きく広がって社会へ働きかけるシティズンシップ教育となった授業である。

1．表示を学ぶ

中学生も生活者として，自分たちに必要な物資やサービスを適切に受けることが出来るようになる力が必要である。そのためには，商品の選択に必要な情報を正しく得ることが出来る力をつけることが大切である。“表示”について学ぶことは，商品の選択をするときに重要なポイントになる。しかし，近年は商品が氾濫し，コマーシャルがあふれ，自分が本当に求めているものを手に入れることが難しくなっている。「上手な買い物の授業」で，ポテトチップスの塩分表示に着目し発表した生徒がいた。生徒の視点で授業を展開していくことで魅力ある表示の授業となるであろうと考えた。表示についての関心・理解を深め，学んだことを生活に活かす家庭科の授業である。

〈授業の内容〉

「身近な商品の購入を通して生徒の生活に密着した授業」にするために，生徒の調べ学習を発表する授業に取り組んだ。選択と購入のポイントとして表示の学習がある。生徒の生活に密着した題材で関心をもたせたいと考えた。生徒の調べた内容の発表で，ポテトチップスには「うすしお味」と書いてあっても，「のり塩」のほうが塩分量の少ないものもある，書いてあることにだまされてはいけないという発表があった。

また，数あるコンビニのフライドポテトのどの店がおいしいか，価格・量・つくり方，そのおいしいわけは？　という視点で数店舗を比べ実物も用意して発表した生徒もいた。生活に密着した題材で授業をすると学びが楽しくなる。

2．授業のねらい

生徒のお小遣いの範囲で買える題材を使って生活に密着した学びとなるようにしたいと思っている。また，購入・選択のポイント学習にとどまらず，消費者の権利・責任さらにはシティズンシップ教育を目指したいと考えて表示の授業に取り組んだ。生徒の調べ学習で発表された「うすしお」と「うすしお味」の表示を授業に組み入れることにした。

⑴授業を展開する教師の願い

①ポテトチップスを授業中に食べさせる

自分の味覚を使って実験的な要素を使いながら，体験・発見の授業としたいと考えた。授業中にスナック菓子を食べるなんて，それだけで生徒の興味・関心は最高潮に達する。授業に向き合う姿勢が違ってくる。

②表示の読み取りの必要性を実感させる

生徒は表示やマークの読み取りの必要性は知識としては理解している。しかし，実感する体験が乏しいのである。授業の展開で読み取りの必要性と企業の姿勢についても理解さ

せることは出来ないだろうか。また表示の実態についても理解してもらいたい。実際の商品を使うことで効果的になる。

③表示やマークには消費者としての権利や責任の歴史があることを知らせる

消費者としての権利を主張することだけにとどまらず，企業を育てる消費者の責任とは具体的にどのような行動をとることかを理解し，社会へ広がる必要性を理解させたいと考えている。リテラシーを育て商品の選択に活かし，さらにシティズンシップの必要性を理解し消費者の権利と責任を実感させたいと思う。

3．ポテトチップスを調べよう

⑴シティズンシップ教育を目指して

ある日「うすしお」と表示されたＮ社のポテトチップスの塩分量を計算してみると規定の塩分量を超えていることを発見した（平成13年10月)。そこで，Ｎ社のお客様相談室に「うすしお」と表示するのは間違いなのではないかと連絡を入れたところ，最初Ｎ社は間違いに気づいていないようだったが，折返し電話が来て，間違いを認めすぐに表示を訂正する(「うすしお」から「うすしお味」へ）旨の連絡がきた。生徒たちは，買い物の度に表示を点検し，いつ改められるかを大きな関心を寄せて待っていた。平成13年12月にパッケージが変わり，何人もの生徒がうれしそうに報告をしてくれた。

平成15年度の授業でも他のメーカーのポテトチップスのパッケージに「うす塩」とあり塩分量が違っていたのを生徒が発見，生徒自身が電話で連絡をとりパッケージの訂正が行われる予定だった（未確認)。

表示の授業では，表示をどのように読み取るかとともに表示の矛盾点に気づかせる必要もある。生徒は，買い物に行っても表示にうすしおとあるのか・うすしお味とあるのか着目しながら表示を見るようになっていた。現在でもＫ社の商品は，「うすしお味」と表示してある商品が自社製品「のり塩」より塩分が濃いという実態がある。その矛盾を授業で取り上げている。消費者の意見によって実際に表示が変わることを実感することで，消費者としての意識が高まり，表示を見る力が身についていった。

「上手な買い物をしよう」の授業から始まった消費生活の学習であるが，生徒の調べ学習から教師としての私が学んだことは大きいものがあった。「たくさんの情報の中から自分がほしい商品を選び出していく作業は，時間と手間がかかりとても大変だということがわかった」といった生徒の感想が多く聞かれた。それに気づいただけでも成果と感じられる。授業を通して商品を選ぶ上では，安さだけが

図1　ポテトチップスの表示が変わった

決め手ではないということも生徒たちは気づいていった。例えば，値段が高くても，環境面に配慮した商品を購入したいとか，自転車など安く売っているが，パンクしたり，部品の修理などを考えると，やはり地元の自転車屋さんから購入したほうがいいとか，教師からの説明として理解するのではなく，自分たちで考え気づいていく過程が大切なのだと感じる。

さらに，表示を取り上げて発表した生徒の内容は，その後の授業の展開に大いに影響をもたらしてくれた。生徒の目線のおもしろさにも気づかされた。指導計画を立てるときに，授業の目標は何なのかを考える。しかし表示の授業では，家庭分野の学習を通して体験したことを発表し合い，共通の学びに進化させ，生徒の行動に変容をもたらすという結果を得た。はじめに教師の立てた目標が大きく広がっていった授業となった。家庭分野の学びを生活に活かすことが出来た例でもある。消費者の一員として家庭分野で学んだことから企業との接点をもち，表示を変えるということから，企業や消費者としての責任を学べたことも大きいと思う。

（石川勝江）

(準備するもの)

・２社のポテトチップスのうすしお味とのり塩（計４種類）とそれぞれのパッケージ
・各班にＡ～Ｄのポテトチップスとお手ふき

授業の展開「ポテトチップスの授業」 （石川勝江）

	学習活動	教師の支援（留意点）
導入	・全員が４種類を食べ比べて，塩分が薄いと感じた順に記号を並べる。 ・黒板に，班ごとに塩分が薄いと感じる記号を書く（表示は見ないで）。	・ポテトチップスの中身４種類をＡＢＣＤとする。 ・黒板に４種類のパッケージを貼りだし，仮にＡＢＣＤとする。 ・なぜその順番になったかを発表する際パッケージに使ってある文字などを使ってもよいことを知らせる。
展開	・各班の記号順を全員で確認する。 ・並べた順番を「なぜそう感じたか」を発表する。 ・味覚に頼らないで塩分量を確認するにはどうするか？ ・表示の数字から塩分量を割り出す計算式を提示する。 塩分の計算 （ナトリウムから塩分量を割り出す計算式） Na（mg）× 2.54 ÷ 1000 ・計算式で導いた答えに沿って記号を並べ替える。 〈自分たちの味覚があいまいなものであることを実感する〉 ・表示の大切さに気づく 〈例をあげる〉 〈矛盾だらけの表示基準〉	〈パッケージにうすしお味と書いてある…など発表がある〉 ・ほとんど記号が違う。たまにまったく同じ班も出てくるので，「正解か？」と盛り上げていく。 ・味覚はばらばらであるということが発表からもよくわかる。 〈しかし，表示そのものが間違いやすいものがあったり，表示の問題がマスコミに取り上げられることも多い〉
終末	〈表示を変えた中学生の例を紹介する〉 〈消費者の権利と責任について〉	ポテトチップスの表示が変わった例について実物を提示しながら示す。

【参考】垣田達哉『もうだまされない食品表示』三水社より

●減塩やうす塩は，塩分が低いことだが「うす塩味」と表示すれば味覚表現と解釈され，どんなに塩分が多くても問題ない。
●同種（自社）の商品と比べて低くなっていれば，どんなに塩分が含まれていてもうす塩と表示が出来る。
ただし，うす塩と表示するには，塩分量が100ｇ中0.3ｇ以下という規定がある。（食品衛生法）
●表示基準については，矛盾点が多々ある。例えば
★牛乳は，原料の牛乳が北海道でなければ，北海道牛乳と表示することが出来ないが，他の加工品では，製造工場の場所が産地になり，どこの梅を使っても「紀州の梅干し」，輸入された塩でも伯方の塩・赤穂の塩と表示できる。
★仕入れた原材料にいくら砂糖（または塩）が使われていようとも，メーカー自身が砂糖（塩）を使わなければ，砂糖無添加と表示できる。
★糖分控えめは，糖分が控えめなことだが「甘さ控えめ」は味覚表現なので，どんなに糖分が多くてもかまわない。

❺ 授業の目標が変わる

チョコレートの授業

「でも先生，僕たちがフェアトレードのチョコばかり食べたら…」

チョコレートの授業で，児童労働やフェアトレードを学ぶことを目標に授業を展開した。しかし，教室で学んだことはそれだけではなかったのである。自分たちの生活をみつめ直し，自分が学校に行く意味を問う生徒もいたのである。授業の中で，授業の目標が変わっていった授業である。

1．チョコレートの授業で何を学ぶか

チョコレートの授業で子どもたちと何を学ぶことが出来るのだろうか。はじめは手さぐりでチョコレートについて教材研究に取り組んだ。教材研究を進める中で，チョコレートの原料であるカカオを収穫しているのはアフリカの子どもたちであることを知った。私たちが食べているチョコレートはアフリカの小さな子どもたちの過酷な児童労働によってつくられていたのである。そして，そのような不正な貿易を防ぐために「フェアトレード」（公正貿易）という取り組みがあることも知った。言葉として「フェアトレード」は聞いたことがあったが，私自身が深く理解しているわけではなかった。チョコレートの事実とともにこの言葉を知ることを子どもたちと学んでみたいと考えるようになった。

はじめに立てた授業の目標は次の2つである。

＊自分が口にしているものは誰がどこでつくっているものかを知らせる。

＊フェアトレードという言葉と概念を伝える。

2．チョコレートの授業をどのように進めるか

授業の目標は決まったが，それではこの2つの目標を達成するためにこの教材をどのように授業にしていけばよいのだろうか。子どもたちは何も考えずに，おいしくチョコレートを食べている。児童労働の事実は思いもよらぬことだろう。さらにフェアトレードという言葉は聞いたこともない言葉かもしれない。どうやって子どもたちにチョコレートの事実を知らせ，フェアトレードについて考えさせることが出来るだろうか。子どもたちが普段おいしく食べているチョコレートを試食させることから授業を始めてみてはどうだろう（「授業の展開」参照）。

はじめにたくさんのチョコレートが用意された中で，自分で2つを選んで試食する際には「先生，本当に食べていいの？」「2つだよね，2つ選ぶんだよね」「やっぱ，大きいのかなあ」と，学校でチョコレートを食べるのだから大騒ぎである。裏の表示を見ながら産地を確認している子どももいる。かわいらしいパッケージに惹かれている子どももいる。大騒ぎが一段落したところで，選んだ理由を聞いてみた。

・今まで食べたことのない外国のチョコレートだった。

・パッケージがかわいかった。

・一番大きかった。やっぱり量！

・カロリーオフって書いてあった。

理由を発表してから，資料を配布しカカオ畑で働く子どもたちの様子を知らせた。そこには学校にも行けず，両親とも離れてカカオ畑で働いている子どもたちの姿が描かれてい

授業の展開

導入	・市販のチョコレートを試食する。 ・たくさんのチョコレートを用意しておいて，その中から２つ選んで試食する。 ・なぜそのチョコレートを選んだのか理由を記述させる。 （この理由にフェアトレードの観点をこの授業を通して加えることが目標）
展開	・カカオとはどんなものかを知る。 ・カカオの写真・実物 ・児童労働の事実を知る。 ・資料：石弘之，『子どもたちのアフリカ』，岩波書店，2005
まとめ	・フェアトレードのチョコレートの試食　　感想記入

る。そして，その子どもたちはチョコレートを見たことも食べたこともないのである。チョコレートの製法は「カカオ豆を炒って粉にし，砂糖と牛乳と，そしてアフリカの子どもたちの汗と血と涙を加えたものである」（石弘之，『子どもたちのアフリカ』，岩波書店，2005より）

さっきまで楽しく，おいしくチョコレートを食べていた子どもたちが，静かに資料を読んでいる。それだけカカオ畑の子どもたちの児童労働の事実は重かった。資料を読み終わってからフェアトレードのチョコレートを試食した。さっきとは違って静かにチョコレートを味わって食べている。フェアトレードのチョコレートの試食が終わった人から授業の感想を記入した。

・今まで普通に食べていたチョコレートだったけど，今回の授業ではなんだか食べるのが，少し心が痛いような気がした。
・アフリカの子どもたちは，カカオが何になるのか知らないということに，とても驚いた（本当に知らなかった）。
・はじめはあんなに楽しく食べていたのに，苦しくなってきた。

感想を書いている子どもたちの周りを歩いていると，ある子どもがつぶやいた。

「でも先生，僕たちがフェアトレードのチョコレートばかりを食べていると，カカオを採っている子どもたちはどうなるの」

「そうだ，フェアトレードのチョコレートだけになったら，カカオを採っている子どもたちはどうなっちゃうんだろう」

すぐには答えられなかった。彼はカカオを採っている子どもたちが，仕事がなくなって困ってしまうんじゃないかと心配しているのである。素朴な疑問だけど，フェアトレードの意味を問うているのだ。フェアトレードの商品を買うだけでは子どもたちは救われない。アフリカの子どもたちの生活そのものの支援にフェアトレードの商品の売り上げは使われているはずである。学校を建設したりしてアフリカの子どもたちの生活を支援していることも学ばなくてはならないのではないだろうか。児童労働の知識や，フェアトレードの存在や言葉の意味を伝えるだけでこの授業を終わりにすることが出来なくなった。

3．子どもの「つぶやき」が次の授業を要求した

この授業を終えるとすぐ夏休みだった。夏休みに市内の先生方にチョコレートの授業の話をしていると，ある先生から「その授業のアフリカのカカオを採っている子どもたちのVTRをもっていますよ」という情報が入った。２学期の授業はそのVTRを見ることから始めた。VTRを見てから，前回の子どものつぶやきをそのまま授業の課題にした授業を展開することにした。授業のはじめに何人かの子どもたちのVTRの感想を読み合ってから，あのつぶやきを黒板に示した。

「僕たちがフェアトレードのチョコレートば

かり食べていると，カカオ農園の子どもたちはどうなっちゃうんだろう」

この課題を追求するために，インターネットを使ってフェアトレードについて調べた。そして，自分が調べてわかったことを黒板に書き込んで発表していった。調べる中で，チョコレート以外にもフェアトレードの商品がたくさんあること，フェアトレードにはマークがついていること，フェアトレードのお金はどのように使われているか，学校を建設することに使われているらしいとさまざまな情報が集められていった。自分たちが調べた内容を黒板に書いて発表した後に，この授業で学んだことをまとめた。

[児童労働への反発]
・子どもたちがどうやったら苦しくなく，辛くなくなるのかを考えた。
[学校へ行くことの意味]
・今，日本には学校があるから幸せだと思う。
[自分の生活への気づき]
・私たちの当たり前を，感じてもらって，生きる喜び，楽しみを感じてほしい。
[社会の働きの必要性]
・子どもたちが不幸になるか，幸福になるかは国の働きにもよると思った。

4．チョコレートの授業で子どもたちはどんな力をつけたのか

この授業を始めるときの教師の目標は２つあった。

＊自分が口にしているものは誰がどこでつくっているものかを知らせる。
＊フェアトレードという言葉と概念を知らせる。

しかし，授業を進める中で子どもたちが学んだことは教師の思いを超えて，児童労働への反発であったり，自分が学校に通っていることの意味を問うものになったのである。また，自分たちに何が出来るかを考えるだけでなく，国や社会の働きへも目を向ける生徒もいた。自分の口に入るものを誰がどこでつくっているかを知ることから学びを始め，フェアトレードの意味を問い，学びを自分の生活に戻し，学校の意味を問い，社会の働きにまで視野を広げていたのである。「チョコレート」という教材で，家庭分野の学びは大きく広がっていった。ある生徒の感想が「チョコレート」の授業の意味を私に教えてくれた。

「この授業を忘れてしまったら，コートジボアールで頑張っている子どもたちのことも忘れるということだから，この授業を忘れないで，自分たちの出来ることをしてあげたい」

5．この授業で教師にはどんな力が必要だったのか

⑴やわらかい姿勢で授業をする

「先生，本当に学校でチョコレートを食べていいの？」

中学校の現場では，生徒指導でアメやガムを持ってきて問題になることがある。そんな中学校でチョコレートなんか食べさせて大丈夫なんだろうか。本校も生徒指導では多くの問題が起きる学校である。家庭分野の授業でチ

ョコレートを試食することは，事前に朝の職員会議で了承を得た。授業のはじめにも教室からは持ち出さないように注意した。それでも持ち出した生徒はいたのである。授業の後に，ふたりの生徒に廊下で呼び止められた。

「先生，こいつチョコレートをポケットに入れてました」

連れてこられた生徒が申し訳なさそうにどろどろに溶けたチョコレートをポケットから取り出して差し出した。

「約束は守ってね。この授業が出来なくなっちゃうからね。でも正直に名乗り出てくれて，ありがとう」

失敗は起きるのである。それはそのときに対応すればよいのではないだろうか。チョコレートを持ち出した生徒を連れてきた生徒がいたことのほうがうれしいことではないだろうか。失敗を恐れていては，授業は広がらない。教師が失敗を恐れず，やわらかい姿勢で授業に臨むことが必要である。もちろん，授業を変更したり，中止することを含めてのやわらかさである。

⑵子どもの声を聞く

「フェアトレードのチョコレートばかり食べていると，カカオ畑の子どもたちはどうなっちゃうんだろう」

というひとりの生徒のつぶやきを聞き逃さないことが必要である。このつぶやきを聞くことが出来なければ，チョコレートの授業はこのように広がったり，深まることはなかったのである。授業の中で子どもたちはさまざまなことを感じ考えている。「何で」という前向きの疑問だけでなく，「わからない」「つまらない」といった否定的な発言にも，もしかするとその授業の本質をついているものもあるのではないだろうか。子どもの発言，感想，つぶやき，表情を見逃さずに授業で大切にすることが授業を深めっていったのだと思う。

⑶授業の目標が変わった

子どものつぶやきや感想を教師が読むだけでなく交流することが必要である。今回の授業では，子どものつぶやきそのものを次の授業の課題とした。また，インターネットでフェアトレードについて調べている中で，「僕たちが学校に来ていることの意味」を考えることになった生徒もいた。チョコレートの授業で自分たちの生活を見直すことになっていった。教師が授業のはじめに立てた目標は子どもの声を聞く中で変化し，広がっていったのである。授業の目標はあらかじめ決まっていて揺るがない絶対的なものではなかったのである。授業で子どもにさまざまな方法で表現させ，子どもが発信することで子どもとともに授業をつくることが出来るのではないだろうか。

注：この授業は7月の終わりに実施したが，フェアトレードのチョコレートは夏季販売が中止され入手が難しかった。12月からの販売に合わせて授業を実施することをお勧めする。

（伊深祥子）

【参考文献】

1）石弘之，『子どもたちのアフリカ』，岩波書店，(2005).

6 教師が学ぶ

絵本で学ぶ子どもの成長

「先生，絵本は自分で読むもんじゃないんですよ」

「子どもの成長」の授業では，絵本を中心に授業を展開していく。ふれ合い体験に行くことが出来なくても，絵本という教材にじっくりと取り組むことで，幼児の理解や人間の発達に必要なことに気づくことが出来る。読み聞かせの授業では，教師が絵本の意味を学ぶことになった。

1．中学生と学ぶ「子どもの成長」

中学３年生という時期は，体は大きく成長しているが，まだ精神的には不安定で，反抗期を抜けきっていない生徒もいる。さらに進路への取り組みも始まり，自分の将来や受験への不安を抱えている時期である。中学校家庭分野の最後の「子どもの成長」の授業では，子どもたちに自分がここまで育ってきたことを振り返るという視点で授業を展開した。「子どもの成長」の授業の中で，これまで自分を支えてくれた人やモノやコトを学ぶことで，自分というものをみつめ直し，これからの自分をつくっていってほしいと願っている。紙で遊ぶ授業（1994年 日本家庭科教育学会セミナー発表）で遊びの意味を考えてから，葉っぱや土など自然のものや風を感じて遊ぶ外遊びの授業を行った。その後に，遊びを支えるおもちゃの一つとして絵本を中心に授業を展開した。

「子どもの成長」の授業　全体構想（17時間）

①ライフサイクルの変化	2
②自分史を書く	2
③心と体の発達（反抗期）	2
④遊びの意味（紙で遊ぶ）	2
⑤自然とのふれ合い（外遊び）	1
⑥絵本	6
絵本を楽しむ	(1)
お気に入りの絵本を選んで分析する	(4)
読み聞かせ	(1)
⑦児童虐待	2

2．絵本を楽しむ

教室にたくさんの絵本を用意しておき，絵本をゆっくりと楽しむことから授業を始めた。自分の家からお気に入りの絵本を持ってきて授業に参加している生徒もいた。教師自身も絵本を用意するが，司書の先生にお願いして近隣の図書館からもたくさんの絵本を借りてきていただいた。100冊以上の絵本に囲まれて，生徒たちは思い思いに絵本を読み始めた。ひとりでじっくり読む生徒もいれば，何人かで読み聞かせを始めるグループも出てきた。金田君が『おまえ うまそうだな』を上手に読み聞かせていた。ベランダで『バーバパパのいえさがし』を読んでいる２人組もいれば，いつの間にか教卓の下に隠れてひっそりとひとりで絵本を読んでいる生徒もいた。少し落ち着いてきたところで，授業のまとめに入る。絵本を読み始める前に示していた今日の課題は「絵本は子どものためにどんな工夫がしてあるだろう」である。

《お話の工夫》

・何度も同じことの繰り返しが多い。
・動物が主人公のものが多い（クマがしゃべる！）。
・最後はハッピーエンド。

・起承転結がある。
・何かを教えようとしている絵本がある。
・読んだ後に温かい気持ちになる。

《字の工夫》
・文字が大きい。字のない絵本もあった。
・ひらがなだけで書いてある。
・読みにくいので，ひらがなとひらがなの間が空けてある。
・擬態音が多い（「ぐるぐる」・「びゅんびゅん」など）。

《絵の工夫》
・絵がきれい。絵が多い。
・絵だけでお話がわかる。
・形が簡単にしてあり，黒い線で囲ってあるのもあった。『ちいさなうさこちゃん』など。

《その他の工夫》
・絵本の用紙が厚い。
・じゃばら開きになっている本がある。
・場面の展開が考えられている（一面が海・バスの後ろ半分だけが書いてあるなど）。

絵本を十分読んだ後なので，絵本が幼児のために工夫してある点にたくさん気づくことが出来た。生徒が気づいた絵本の工夫点を黒板で分類しながらまとめていった。また，工夫点の典型的な絵本を用意しておき，実物の絵本を見せて工夫点を確認していった。生徒たちは，何気なく楽しんで読んでいた絵本にたくさんの工夫があることに驚いたようである。授業の最後に『よかったね ネッドくん』を教師が読み聞かせた。本書は運のいいこと（カラー）と運が悪いこと（白黒）が交互に出てきて，繰り返しで話が進んでいく絵本である。さらに場面の展開のおもしろさのよく表れた絵本で，小さな子どもたちに人気の本である。絵本の工夫点のまとめとしてゆっくりと読み聞かせて，次の授業の動機づけとした。

3．お気に入りの絵本を選んで分析する

絵本の授業の２時間めでは，たくさんの絵本の中から，各自が好きな絵本を一冊選んで，なぜその絵本を選んだのか，絵本の分析をする時間である。３年生の授業を週１時間とることが出来たので，A3判の紙を用意し，題名・作者・あらすじ・登場人物・お勧めのポイント・感想などを一枚の紙にまとめる授業を展開できた。美術の授業ではないので，A3判の紙は薄いものとし，絵や文字を絵本から写してもいいことにした。これなら，絵の苦手な生徒でも絵本の分析に取り組みやすい。色鉛筆やクレヨン，絵の具などを用意しておき，自分の紹介する絵本に合った画材を使うように促した。絵本を分析することが中心の課題であることを確認して，分析の時間を３時間確保した。『おまえ うまそうだな』，『だるまさん』シリーズ，『100万回生きたねこ』などの人気の絵本は２冊ずつ用意した（３年生の授業が0.5時間しかとれない場合は，自分の好きな絵本を各自で一冊選び，グループの中で好きな絵本を発表するという授業の展開も出来る）。

『ちびくろ・さんぼ』では，ずぼんや傘を切り抜いて，それぞれにお勧めポイントを書いたり，『くれよんのはなし』では，いろんな色のクレヨンを立体的なポケットに入れて出し入れできるようにして絵本の内容を表現した作品が完成した。『とん ことり』の紹介では真ん中に大きな扉を書いて，その右と左に登場人物を書いて話の内容を表現したり，『ずーっと ずっと だいすきだよ』では，レイアウトを思い出の写真のフレームの形にしてフレームの中に登場人物を記入するなど，たくさんの工夫された作品が出来上がってきた。

橋本君はちょっとやんちゃな生徒である。なかなか絵本が決まらなくて，1時間では絵本が選べず，分析に入れなかった。橋本君の気に入りそうな『おしいれのぼうけん』や『ふつうに学校にいくふつうの日』や『はせがわくん きらいや』をそれとなく紹介するが決まらない。やっと橋本君が選んだのは『ルピナスさん』であった。おばあさんが，ルピナスの種をまき，世界中がルピナスの花畑になるという美しい絵本である。この絵本を選んで，ていねいに分析を始めた橋本君の意外な一面が見えた出来事だった。

田中君はクラスでもおとなしく，目立たない生徒である。彼はすぐに絵本が決まった。『いっすんぼうし』である。日本の昔話で，あまり選ばれない絵本である。なぜ田中君は『いっすんぼうし』を選んだのか不思議に思っていた。絵本はすぐに決まったのだが，田中君は選んだ理由やお勧めのポイントがなかなか書けなかった。

「なぜ，この絵本を自分が好きなのかを書けばいいんだよ」

とアドバイスした。それでも田中君は絵本とにらめっこしていて，なかなか分析が進まず，提出期限に間に合うのか心配だった。田中君の『いっすんぼうし』の分析は次のようなものである。

> いっすんぼうしは，ちいさく，儚く誰にも気づいてもらえないちっぽけな人間かもしれない。この話だけでなく，この地球上に，そのような(自分はちっぽけな人間だ)ことを思っている人がいるかもしれない。
>
> 俺は，この地球上でちっぽけな人間だ……。何をしてもうまくいかないし，自分は何にも出来ない……。と思って何もやらない人がいるかもしれないが，いっすんぼうしはあきらめず，自分が出来ること，今出来るせいいっぱいをやっていると思う。みやこへ行けば，大きくなれる方法があるかもしれない。もしかすれば，鬼をたおすことが出来るかもしれないとあきらめず，がんばったから，夢をかなえることが出来たのだと思う。

4．読み聞かせ

絵本の分析が終わってから保護者の紹介でゲストティーチャーを招いて，読み聞かせの授業を実施した。絵本の読み聞かせで印象的だったのは人の声の力である。絵本を読む声が心地よく，教室に温かい空気が流れた。読み聞かせの授業をやってよかったなあと思っ

ていたそのときに，レオ・レオーニの『あおくん と きいろちゃん』が読み始められた。この本は私も大好きで何度も読んだ本である。好きな本を読み聞かせてもらえるのはうれしいなあと思って聞いていた。

「あおくんです」

と，あおくんが登場した。

「でも，いちばんの なかよしは きいろちゃん」

本当になかよく並んでいる。ページがめくられるたびに生き生きとあおくんときいろちゃんが動きだす。

「もう うれしくて うれしくて とうとう みどりに なりました」

本当に私もうれしい気持ちになった。親に気づいてもらえず「ないて ないて」ふたりが全部涙になったときには，悲しい気持ちになったのである。

よく知っているはずの『あおくん と きいろちゃん』は，読み聞かせによって，違う本になって私の前に現れてきたのである。自分で読んでいたときには，こんなに生き生きと登場人物は動かなかった。ふたりが うれしくてうれしくて みどりになったことに親たちが気づかないことにドキドキもしなかった。授業が終わってから，読み聞かせてくださった方に，よく知っていた『あおくん と きいろちゃん』が私にとって違う本になったことを伝えると，「先生，絵本って自分で読むもんじゃないんですよ。絵本は読んでもらうものなのです」とおっしゃった。なるほど，絵本は自分で読んだときと読んでもらったときではまったく違ったものであった。生徒たちも読み聞かせを聞いてそのことに気づいてくれたのではないだろうか。

5．語りの意味

読み聞かせの後に，昔話の語りを実施していただいた。ご本人が明治生まれのおばあちゃんから寝物語に聞いたお話を２つ語ってくださった。語りを聞いていて，気づいたことがある。語りには絵本のように具体的な絵はない。とつとつと語られる方言による昔話を聞きながら，想像するのである。今，このとき同じ話を聞きながら，一人ひとりが想像しているお爺さんの顔や，身につけている衣服や，井戸の深さは，一つとして同じものはないだろう。語りは，聞く側が想像することで成り立つものなのだ。語りは，そういう想像する力を養っていたのである。ディズニーランドにはじめて行ったとき，自分が小さい頃に見ていた夢の世界が，現実に存在することに戸惑ったことを思い出した。夢を見たり想像したりする力は，子どもの成長に大切なものではないだろうか。バーチャルな世界で，あらかじめプログラムされた通りに遊ぶことや，ディズニーランドで夢が現実になってしまった中で遊べることで失うものがあるのではないだろうか。そのことに教師自身が気づくことになった。

6．中学生にとっての絵本の授業

絵本の授業に読み聞かせまで含めると，6

時間は必要である。少ない家庭分野の授業の中でこんなに絵本に時間をとることは難しいことかもしれない。しかし，教師がたくさんの情報を生徒に与えても，そこから学ぶことが出来るのは細切れの知識でしかない。絵本をテーマとして６時間授業をすることで，幼児の特徴や豊かな心を育むことの大切さや，人と人が接することの意味，人の声の力など多くのことを学ぶことが出来た。はじめに述べたように，３年生の家庭分野の「子どもの成長」では，これまで自分を支えてくれた人やモノやコトを学ぶことで，自分というものをみつめ直し，これからの自分をつくっていってほしいと願っている。絵本という一つの教材をじっくり学ぶことで，その目標に近づくことを目指した。受験期で殺伐とした３年生の廊下や空き教室に，生徒たちが描いた絵本の分析を壁一面に掲示した。その中で絵本を読み聞かせてもらった。絵本をゆっくりと味わった。そんな体験を家庭分野の授業ですることが，これまでの自分の育ちを振り返り，これからの彼らの育ちを応援していくことになるのではないだろうか。

（伊深祥子）

【参考文献】

１）宮西達也，『おまえうまそうだな』，ポプラ社，(2003).

２）アネット・チゾン，『バーバパパのいえさがし』，偕成社，(1972).

３）ディックブルーナ，『ちいさなうさこちゃん』，絵本セット（こどもがはじめてであう絵本），福音館書店，(2000).

４）レミーチャーリップ，『よかったね ネッドくん』，偕成社，(1969).

５）かがくいひろし，『だるまさん』シリーズ(3冊セット)，ブロンズ新社，(2009).

６）佐野洋子，『100万回生きたねこ』，講談社，(1977).

７）ふるたたるひ・たばたせいいち，『おしいれのぼうけん』，童心社，(1974).

８）コリン・マクノートン，『ふつうに学校にいくふつうの日』，小峰書店，(2005).

９）長谷川集平，『はせがわくん きらいや』，ブッキング，(2003).

10）バーバラ・クーニー，『ルピナスさん』，ほるぷ出版，(1987).

11）ヘレン・バンナーマン，『ちびくろ・さんぼ』，瑞雲舎，(2005).

12）ドン・フリーマン，『くれよんのはなし』，ほるぷ出版，(1976).

13）筒井頼子，『とん ことり』，福音館書店，(1989).

14）ハンス・ウィルヘルム，『ずーっと ずっと だいすきだよ』，評論社，(1988).

15）いしいももこ，『いっすんぼうし』，福音館書店，(1965).

16）レオ・レオーニ，『あおくん と きいろちゃん』，至光社，(1984).

第2章 評価が変わると授業が変わる

❶ 授業開き

生徒とつくる家庭分野の授業開き
―教科書を紹介する―

❷ 衣生活

コースターを織る
ミシンのマニュアルづくり

❸ 食生活

大きな“うんち”と小さな“うんち”
清涼飲料水の糖度を調べる
魚の三枚おろし
バターづくりの授業
回転寿司から見えてくる学び

❹ 子どもの成長

子どもは誰が育てるか
「赤ちゃんポスト」を考える
絵本製作 くるくる変わる変わり絵

生徒とつくる家庭分野の授業開き

―教科書を紹介する―

はじめての家庭分野の授業で何をしようか。家庭分野ではどんな内容を学ぶかを伝えたい，授業を進める上で発表する力をつけたいと願っている。子どもたちとどんな関係がつくれるのか，期待と不安が入り混じった気持ちで教室に登場する。子どもが教科書の内容を発表していく教師と子どもがつくる授業である。

1．教科書を紹介する

「今日ははじめての授業ですので，教科書をすみからすみまで見てみましょう。家庭分野ではどんなことを学ぶかがわかります。そして，教科書の中で，自分の気に入ったページを見つけてください。今日の授業はそのページをみんなに紹介してもらおうと思います」

生徒たちは教科書をめくりながら，何をしたらいいのか不安そうな様子である。そこで黒板に次のように箇条書きをする。

＊おもしろいと思ったこと
＊びっくりしたこと
＊はじめて知ったこと
＊大切だと思ったこと

このように具体的にどんなことを教科書の中から紹介するのか示すと，子どもたちは考えやすいようだ。教科書を読む時間は15分～20分間たっぷりとる。また，発表は早い者順に行うので，紹介するページは一つではなく，３つぐらいは決めておくことをアドバイスする（他の人に同じページを紹介されてしまうかもしれないので）。さらに，なぜそのページを紹介するか，理由が大切であることを強調する。このアドバイスで教科書を読む様子が活気づいてくる。発表の手順も具体的に黒板に示すと発表しやすいようである。

発表の手順

1　○番の○○○○です。
2　私が紹介したいページは○○ページです。
（みんながページを開くまで待つ）
3　私がこのページを紹介する理由は…

ここが大切です

だいたいの生徒が紹介するページを決めた頃，いよいよという感じで発表を始めることにする。発表の順番は早い者順なので，勢いよく手があがることが多い。なかなか手があがらないクラスでも指名はなるべくせず，「もうちょっと教科書を見る時間がほしいのかな」と言って時間をとる。手をあげて発言する教室にしたいから待つのである。

2．生徒の発表が始まった

食べ物のページばかりが紹介されるのではないかと心配していたが，被服や環境，住居，消費者，家族などさまざまな内容が紹介されていく。発表はそのままにせず，「大きな声でわかりやすかったね」「もう少しゆっくり言ってください」と教師がコメントをする。また，発表方法の評価だけでなく，発表内容や紹介する理由についても評価する。理由を発表者に問い返して，クラス全体に広げることもある。

S「私が紹介したいのはハンバーグのページです。おいしそうだからと，売っているハンバーガーには変な肉が入っていると聞いたことがあるので，自分でつくってみたいと思ったからです」

T「おいしそうだからという理由だけでなく，他の理由もあっていいですね」

S「僕が紹介したいのは，衣服についたしみのページです。しみは時間がたつと落ちにくいことがわかったので，今度からしみがついたらすぐ落とそうと思いました」

T「何かしみをつけたことがあるんですか？」

S「はい，この間朝ごはんを食べているときに，制服にしみをつけてしまいました」

T「どんなしみをつけたのですか？」

S「ケチャップです」

T「みんなの中にも制服にしみや汚れをつけた人はいるかな？」

発表が進むにつれて，だんだん紹介する理由が深まってくる。理由の中で生徒の普段の生活が現れたり，環境問題について自分の考えをとうとうと披露する生徒まで出現した。

3．紹介する理由の深まり

必ず紹介されるページに各国の家族と生活用品が示されているカラーの見開きページがある。

S「日本は４人家族なのにたくさんのものをもっています。それに比べてアフリカのマリ共和国の家族は10人以上いるのに少ししかものをもっていなくて，びっくりしました」

しばらくして，同じページが紹介された。「このページはもう紹介されたよ」と指摘されると，「理由が違えばいいですか？」とどうしてもこのページが紹介したいようである。理由が違うならいいということになった。さて，どんな理由なのだろう。

S「アメリカの家族の食べ物を見ると，箱に入っている，加工食品っていうか，つくって売っているものが多いけど，トルコのイスタンブールの人は，野菜を多く食べていることに気づきました」

すごいことに気づいたと，教室にどよめきが起こった。教師である私も気づかなかったことが発表されたのである。子どもの力はすごいと教師も感心した。同じページでも生徒によって気づきは違うのである。

「すごいことに気づいたね。教室にみんなで集まって授業をすると，自分だけでは気づかないことを知ることが出来るね」

生徒たちも自分では考えもしなかったことを他の人が発表していること，そこから多くのことを学んでいることに気づいていく。また，自分たちの発表がだんだんよくなっていることに喜びを感じているようだった。

教科書の最後のページを紹介した生徒がいた。

S「ここには金子みすずという人の詩が載っています。この詩が僕はとてもいい詩だと思ったので紹介します。これから家庭分野で勉強して，この道を行くのだなあと思いました」

T「最後のページまで見てくれたのですね。

とてもいい詩なので読んでくれますか」

紹介してくれた生徒がもう一度立って，上手にゆっくりと朗読した。みんな静かに聞き入っていた。他のクラスでもこの詩が生徒から紹介されないときは，「先生の紹介です」と言って詩を朗読するようになった。

4．生徒が発信することで授業をつくる

授業が進むにつれて，自分はもっと上手に発表しよう，友だちにこんなことを伝えようという子どもたちの気持ちが伝わってきた。一度発表した生徒も，今度はもっといい発表が出来ると，自分でアンコールを希望する生徒までいた。

教室には教科書の文字さえ満足に読めない生徒や，人前で発表するのが苦手な生徒もいる。そんな生徒もうれしそうに，あるいはやっとの思いで，全員が発表することが出来た。それはなぜだろう。どうして生徒は手をあげ，どうして生徒はもっといい発表をしようと思ったのだろうか。発表が得意でない生徒が頑張れたのはなぜだろう。そのことを考えてみたいと思う。

一つには，この授業は教師が授業をしているというより，生徒といっしょに授業をつくっているという感じがした授業であったからではないだろうか。教材は教科書である。授業方法は発表形式で，発表する手順は教師が指定した。その枠組みの中で，生徒と教師が授業をしたのである。発表する内容は生徒が教科書の中から選ぶ，つまり，教科書という枠組みはあるが，自分で選択することが出来たのである。また，自分なりの理由を考えるというハードルもあった。生徒自らが選び理由を考えるというハードルを越えて，自分たちが授業をつくるという喜びがあったのではないだろうか。正解はないのである。自分たちが発信することによって授業をつくっていくということが，生徒が意欲的になった理由ではないかと考えている。

5．他の人に評価してもらえる

２つ目として，他の人に聞いてもらえる，評価してもらえることも生徒が意欲をもった要因として考えられる。発表についての評価は教師がコメントすることで行った。しかし，それだけではない。教室の中の雰囲気で，すごいことに気づいたねとか，もう少し理由を言ったほうがいいよ，という評価が子どもたちの間でされていたのである。

「もっと大きな声で言って，聞こえなかったよ」「もう一度，理由を説明して」「おお！」「ふんふん」という反応や，つぶやきが子どもの発表を励ます。あるいは発表が得意ではない子を，何となく待ってあげる教室の中の「間」みたいなものが，生徒の発表を促していたのではないだろうか。「教科書を紹介する授業」をはじめの一歩として，３年間の家庭分野の授業が始まる。どんな内容で，子どもたちとどんな学びをつくることが出来るのか，楽しみに毎日の授業づくりに取り組んでいる。

（伊深祥子）

Column 1

繭から絹糸をとる

小学校で教育ボランティアをやっている学生が「せっかく蚕から育てて繭が出来たのに，糸をとらずに繭人形をつくるんです。これって，もったいないですよ。先生たちは糸をとることを知らないみたい」と，わざわざ言いにきた。「授業をやらせてもらったら」と助言。後日，満足そうな顔をして「やらせてもらいました」と，報告にきた。

絹糸は蚕がはき出した糸である。糸を取り出すために繭を扱うことで，絹糸が身近に感じられるようになってくる。また，明治維新以降，絹糸の輸出が日本の発展につながった歴史の学びの導入にもなる。

参考図書：山本茂実『あゝ野麦峠』角川書店（角川文庫），1997.

絹糸の入手先：日本絹の里（シルクの総合博物館・群馬県），TEL：027－360－6300

繭を70～80℃の温湯に浸すと，繭を固めていたセリシンが溶けるため，索緒（さくちょ）ぼうきや指で表面の繊維を取り出すことができる。製品化するには１本だけでは弱いので，数個から数十個の繭を集めて強い糸にする。

〈材料と用具〉

繭（1人1個），鍋，落とし蓋，布袋，煮た繭を入れる容器，巻き取る紙（黒ラシャ紙を２つ折りにし，間に厚紙をはさむとよい），索緒ぼうき（ワラの芯のみを20本くらいまとめて糸で結わえてつくる。刷毛で代用。手で撫でてもとれる）

〈方法〉（①は授業前に行っておくとよい）

①鍋に繭と水を入れ，10～20分間煮る。繭は上に浮いてくるので，布袋に入れ，落とし蓋（クッキングペーパーで代用できる）をして煮るとよい。

②繭の表面を索緒ぼうきでなでると，糸の先端がくっつく。手で表面をなでてもとれる。

③１個ずつ容器に入れ，巻き取る（黒い紙２つ折りの間に厚紙をはさんだものなどを用意する）。

④絹糸を観察して特徴をまとめ，感想を書く（長さ，手触り，太さ，色など）。

〈絹の発見〉

次のような逸話がある。紀元前3000年頃，中国の王妃がある日，野生の蚕がつくった繭で遊んでいるうちに，お湯の中に落としてしまい，箸で拾い上げようとしたところ，次から次へと細い糸がほぐれて出てきた。そこで王妃はこの糸を使って織物をつくることを思いついた。王様は多くの人を使って繭を集めさせ，宮廷の中で絹をつくらせた。中国は絹糸をヨーロッパに輸出していたが，長い間，蚕と繭の存在を秘密にしていたということである。

〈蚕の一生〉

蚕の幼虫は，５回の脱皮を繰り返し長さ７cmほどに大きくなる。体内には，左右一対の絹糸腺があり，その中に液状絹が蓄えられ太ってくる。この液はたんぱく質で，フィブロインとセリシンの２種類が左右の絹糸腺から出て合わさり，セリシンがにかわ状の糊の役割をして１本の絹糸が出来る。一つの繭の繊維の長さは500～1,500mくらいある。

（野田知子）

❷ 衣生活

コースターを織る

評価から家庭分野の授業づくりを見直して，はじめて授業が大きく変わったことを実感した授業実践である。これまでは，コースターの作品のできばえだけで教師が評価をくだしていた。しかし，具体的に子どもたちがどこでどんな失敗をしているかを見ることで，授業が変わっていった授業である。

1．指導と評価の一体化

評価は子どもを値踏みすることではない。授業の中で，授業の目標を見直すことが評価であり，評価は授業に戻るものである。指導と評価の一体化が重要なことであり，授業づくりから評価は始まり，授業づくりへ帰っていくものである。このように評価をとらえることで，授業は大きく変わっていった。布を織る授業でコースターづくりを実施していた。この授業のねらいは，布を織ることを通して，布の成り立ちを知ることである。

従来の授業では，作品のできばえで評価をくだしていた。きれいに織れたか，平織と綾織が出来ているかという観点で作品を評価していた。しかし，評価をとらえ直すことにより，授業が変わっていった（表１）。縦糸がぴんと張れているか，等間隔になっているか，具体的に子どもたちの活動を見ていくことになった。さらに，子どもたちの失敗をそのままにせずに，作品Ⅱとしてそれぞれの課題をもって取り組ませることにした。そのことにより，子どもたちの意欲が増し，作品にも創意工夫が現れ，到達度の高い作品が仕上がるようになった。評価は子どもを判定するものでなく，このように子どもの力をつけるために授業そのものを変えていくものではないだろうか。

評価で明らかになることは，その授業が子どもにとってどのようなものであったかである。上手に出来た子が５で，うまく出来なかった子が２という判定をくだして評価が終わるのではない。そこから始まるのだ。その子は何が出来たのか，何が出来なかったのかを教師がとらえ，さらに，出来るようになった子はなぜ出来たのか，出来なかった子はどう

表1　授業の変化

A：従来の授業（４時間扱い）	B：評価をとらえ直した授業（６時間扱い）
・布の構成の説明 ・縦糸を張る ・横糸を紡ぐ ・完成　提出 評価 １：織ることが出来ない ２：完成度が低い ３：平織が出来る ４：綾織が出来る・ゆがんでいない ５：仕上がりに工夫がある	・縦糸を張る…ぴんと張れているか 　　　　　　　等間隔で張れているか ・作品Ⅰ…平織が出来ているか 　　　　　綾織が出来ているか 　　　　　横糸が強すぎないか ・布の構成説明…縦糸・横糸・バイアス・みみ ・作品Ⅱ…自分の課題をもつ 　　　　　ゆがまないように織る 　　　　　綾織に挑戦する 　　　　　大きさ・糸の色・織り方工夫 ＊時間の足りない人は作品Ⅰをていねいに完成

すれば出来るようになるのか，授業という場においてそのことを考え，授業をつくり直すことが評価の目的である。

2．評価が変わると授業が変わる

制服の意味を考える学習をした後で，布を織るという授業に取り組んだ。みんなの着ている制服の布はどのようにつくられているのだろう。麻紐と段ボール（20cm四方）でコースターを織ることで，布の成り立ちを知る授業である。以前は布の織り方を説明し，４時間でコースターを完成させ，その作品のできばえで評価していた。ゆがんでしまった作品や織り方があらくてできばえのよくない作品に３や２の評価をつけていた。しかし，どんなに説明しても縦糸の間隔がふぞろいでゆがんでしまったり，横糸を強く引きすぎてだんだん曲がってしまうことが多かった。子どもがうまく出来たかどうかを教師が評価するのではなく，どうしたら子どもが出来るような授業になるかを考えるのが評価ではないかと評価をとらえ直すことが必要である。

そこで，授業の中で縦糸が等間隔になっているかどうか，縦糸が張れたら見せに来るように言った。実際にひとりずつ私が縦糸の張り具合を触れて確認していった。まず，縦糸がきちんと張れなくては絶対に失敗する。それから，横糸を引きすぎないように出来るだけ，各グループを回って観察した。しかし，相手は40人。話を聞いていない子もいるし，私が見落としてしまう子もいる。やっぱり失敗してしまう子がいるのである。平織は何とか出来たけれど，綾織は難しい子も多い。みんな一生懸命つくったのにゆがんじゃった子はやり直したいと思っているだろうなあ。あんなに頑張ったのにゆがんじゃったねえ。そこでだいたい一つ目のコースターが出来たところで，布の成り立ちをまとめる授業を１時間入れた。

以前はコースターを織り始める前に布の成り立ちを説明していたが，布を織った後に説明することで，縦糸，横糸，布のみみ，バイアス，平織，綾織の説明は子どもたちに納得いくものになった。男子の制服は平織で，女子の制服は綾織で織られていることを自分たちの制服で確認した。

3．自分たちで課題を決めて2作目を織る

布の成り立ちをまとめてから，「みんな頑張ったけど，ゆがんじゃった人もいたねえ。やり直したい，もう一度織ってみたいって思っている人もいるでしょう。もう一度チャンスをあげたいと思います」ということで，コースターの２作目に挑戦することにした。２作目のコースターは自分で課題を決めてつくることにした。大きくゆがんだので，平織だけでゆがまないように織りたい人，１作目では出来なかった綾織に挑戦する人，１作目をていねいにつくっていて完成してないので仕上げる人，１作目がうまくいった人はいろいろな色の糸を用意したので，大きさ，織り方，

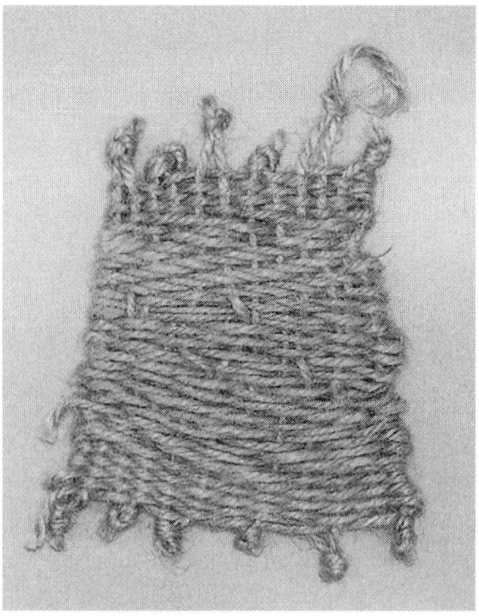

作品例　１作目（左……評価5，右……評価2）

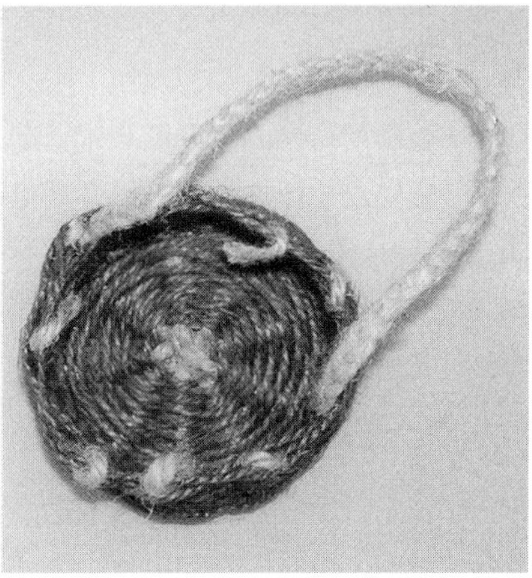
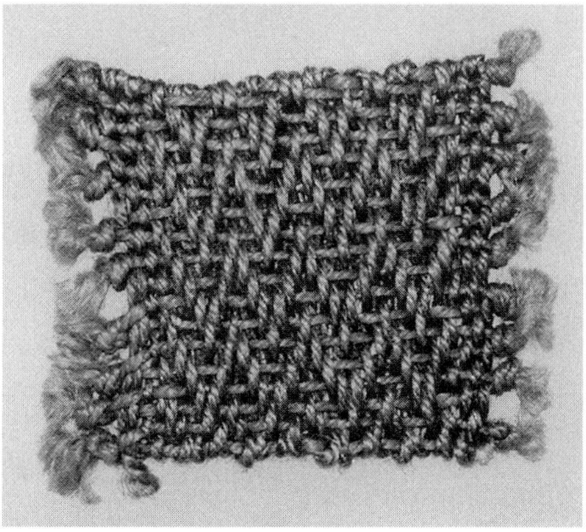

作品例　２作目（左……籠，右……折り方や使用する糸の色に変化をつけたもの）

使う糸の色を自由にした。するとどうだろう。２作目はそれぞれの課題をもとに創意工夫された作品がたくさん出現した。綾織の方向を途中で変える子，自分で独自の織り方を考える子もいれば，１作目をていねいにつくり続ける子もいる。大きな長方形の敷物をつくる子，円形に織り始める子，籠まで完成させた子もいた。どうやって織ったのだろう。すばらしい作品が出来上がった。もうゆがんじゃう子はいない。１作目は２時間かかったのに，慣れているので40分間ぐらいで仕上げて３作目にとりかかる子もいた。

そこここで子どもどうしが教え合っている。本当に楽しく自分たちで授業に取り組んでいる。こんな楽しい授業ははじめてだった。何で，みんなこんなに一生懸命授業に取り組んでいるのだろう。不思議な気がした。何が楽しいのだろう。こうなると評価はみんな満足，みんなＡですね。評価とは教師が子どもをABCと判定するものではなく，授業の中で子どもを見て，子どもが力をつけるためにはどうしたらよいかを考え，授業を変えていくためにあるのである。この織物の授業はそういう授業になったと言えるのではないだろうか。そしてみんなが満足出来る，子どもも教師も楽しい授業になった。20年以上教職生活を続けているが，こんなに授業が楽しいと思ったことはなかった。

（伊深祥子）

Column 2

ライトスコープで観察

繊維や糸となったもの，布の織り方，織るのではなく編むといったものや，フェルトのような不織布を，ライトスコープで観察させると，生徒から驚きの声があがる。肉眼では見えにくかった世界が展開するからである。すると生徒は自分の持ち物の筆箱，教科書，カバンや制服，手の皮膚など，身近なものを次々に探して観察する。

小さくて大きな世界　「岩だよ，岩！」

ライトスコープ（ライト付顕微鏡）の倍率が30倍のものを使用している。理科の授業で，玉ねぎの細胞を観察するといった精密さはない。

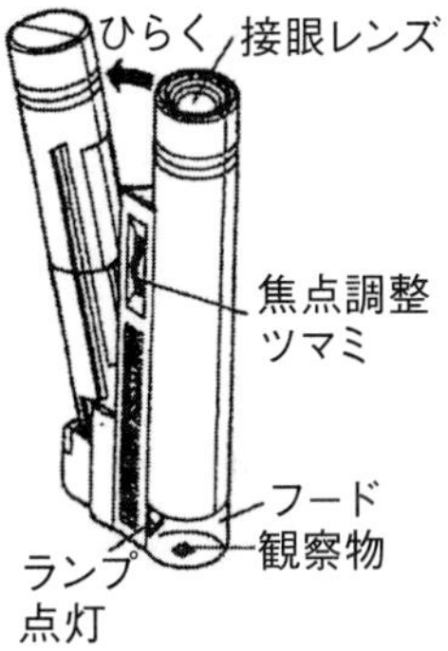

ライトスコープ

食生活の学習で「保存の原理と加工食品」の例がある。そこでは，食品の保存性を高めるための方法として，温度を下げる，空気を抜いて加熱殺菌をする，塩漬け・砂糖漬け，有用微生物の利用，水分を除き乾燥させると分類され，その方法の食品例が紹介されている。水分を除き乾燥させる食品例の中に，生徒にはなじみ深いインスタントラーメンがあるが，比較する対象物がないので，インスタントコーヒーにした。インスタントコーヒーは現在，２種類の加工方法の商品が販売されている。噴霧乾燥法と真空凍結乾燥法（フリーズドライ）である。

はじめに，肉眼でそれぞれのインスタントコーヒーの粒をスケッチさせる。もちろん手で触って観察してもいいことにしている。噴霧乾燥法はサラサラしている。粒が小さい。真空凍結乾燥法は粒が大きい。粒がいろいろな形をしているという反応である。次にライトスコープで覗いたときの粒の状態をスケッチさせる。覗いた瞬間「ワァ〜，スゲェ〜」と男子は声をあげる。「石だ」「岩だよ岩！　真空のほうがザラザラしてる」中には「隕石だ」と表現する生徒もいる。噴霧乾燥法は「石」であり，真空凍結乾燥法は「岩石」や「隕石」というわけである。

スポンジをライトスコープで見たときに，細胞みたいだと思った。スポンジと似ているのは真空凍結乾燥法でどちらも茶色で小さい穴は真空法のほうが多く開いていた。「似てる〜う」インスタントコーヒーを観察させた後，食器洗い用のスポンジも観察させた生徒の反応である。乾燥食品とスポンジの観察から水との関係も見えてくる。食品の見た目や香り，食感など食べるという体験を通してわかることはたくさんある。しかし一方では，たった30倍の大きさだが，風味や食感，栄養とは違った視点で観察する活動は，驚きや楽しさの中にその食品の（乾燥食品）特徴を知る一端になると考えている。

（菅野久実子）

【注・参考】

NaRiKa D20-2101 ライトスコープ（ライト付顕微鏡）

2 衣生活

ミシンのマニュアルづくり

ミシンの指導で生徒がミシンのマニュアルを作成する授業である。生徒たちは本当によくミシンを観察して個性あふれるミシンの絵を描いた。そして，自分で描いた絵にミシンの使い方を自分の言葉で記入した手づくりのマニュアルを完成させた。

1．ミシンは難しい

ミシンの操作は，小学校ですでに学んできている内容である。生徒たちはミシンを使ってエプロンや袋物を製作してきている。しかし，中学校で被服製作の学習が始まってみると，上糸のかけ方がわからなかったり，下糸が出てこなかったりして，製作が思うように進まないことが多いのである。一度教わっただけではミシンの使い方を忘れてしまうし，小学校でミシンと格闘して苦手意識をもっている生徒もいる。中学校の被服製作の授業で，教師はミシンの修理屋さんで終わってしまうこともある。そこで，これまでも被服の製作に入ると，はじめにミシンの授業を実施していた。さまざまな試行錯誤を繰り返す中で,「ミシンのマニュアルを読みこなそう」という授業を実施していた。

2．「ミシンのマニュアル」を読みこなす授業（これまでのミシンの授業）

①教科書を見て，２人組でミシンを使えるようにする。

小学校での学習を思い出しながら教科書というマニュアルを見ながらミシンで縫える状態にする。このとき教師は教えることはしない。教科書を見ることと子どもどうしの知恵の出し合いでミシンに取り組む。ミシンで縫える状態になった順に黒板に２人の名前を書いていく。

②縫えるようになったグループがまだ縫えないグループを指導する。

③ある程度のグループが縫えるようになったところで（20分間で８割がたのグループが動きだしたところ）作業を中断する。

④小学校の学習を思い出してミシンで縫えるように作業した中で，わからなかったこと，知りたくなったこと，教えていて特に苦労したことなどを発表して共有化する。

＊上糸のかけ方が不安。

＊下糸がなかなか出てこない。

＊ミシンの各部の名前がわからなくて説明しにくかった。

＊ボタンがあるけど何に使うかわからない（小学校ではさわらないように言われた）。

⑤最後にミシンンについて各部の名称や注意点を教師が説明してまとめる。

この授業の評価は，次の時間のはじめに小テストで行った。生徒が中学校ではじめてミシンに取り組む中で課題を見つけ，その課題を教師が指導していくという方法である。２時間で生徒たちはミシンに自信をもって取り組めるようになっていった。わからないこと，知りたいことを生徒が見つけてから教師が教えるという方法である。評価は小テストで客観的に行うことが出来る。しかし，家庭分野の授業時間数が減り，このようにていねいに時間をかけて（２時間）ミシンの指導をすることが出来なくなってきた。そこで新たに1時間で出来るミシンの指導方法に取り組んだ。

3.「先生からミシンについて学んだこと」をまとめる授業

①まず，一枚の白紙を配布して，小学校でミシンを使ったときに苦手だったこと，わからなかったこと，得意だったこと，これは出来ることを書いてもらう。さらにミシンを出して（出し方の指導），ミシンをよく見てミシンの絵を自分で描くことを指示する。

②生徒がミシンの絵を描いている間に，教師が２グループずつ（８名）にミシンの使い方を示範する。示範する際に「先生からミシンの使い方について学んだこと」を自分の書いたミシンの絵に記入することが今日の課題であることを伝える。

③作業を始める前に，今日の評価は，

＊先生から学んだことをどのくらい詳しく書けるか

＊ミシンの絵の出来上がり

の２つであることを生徒に伝えておく。

絵はうまい下手ではなくて，ていねいに書いてあること，教師の説明を詳しく書くことを重視することも伝える。

④２グループずつの示範

・下糸の巻き方，ボビンの入れ方，下糸の出し方

・上糸のかけ方，針に糸を入れるときの糸の切り方

・縫い始めと縫い終わりの方法

・各部の名称

⑤示範を見終わった生徒から，自分の書いたミシンの絵に「先生から学んだこと」を記入していく。示範を待っている生徒は，ミシンをよく観察して絵を完成させている。

⑥最後に黒板にミシンの絵を掲示し，各部の名称を確認する。

⑦送りダイヤルについては，示範のときには触れないでおく。各部の名称を確認した後，「他に何か知りたいことはありますか」と聞き，「送リダイヤル」の名称を伝える（印象を深くするため）。

⑧評価は，生徒の記入したミシンの絵のていねいさと「先生から学んだこと」の記入で行った。

4．ミシンの授業で起きたこと

生徒の書いたミシンの絵を見ると，それぞれがよくミシンを観察し，個性あふれるミシンが描かれていた。芸術的なミシンもあれば，そのまま教科書に使えそうな正確なミシンもある。これがミシンなのかしらんというミシンもある。教師の説明ごとに分類して，部分を拡大して説明している絵まで登場した。それぞれの子どもの顔が浮かんでくるような作品である。一人ひとりが本当によくミシンを観察していることがわかる。これまでの授業では，まとめのテストで教科書からコピーした無機質なミシンの絵を使っていたが，生徒のミシンにはかなわない。一つひとつのミシ

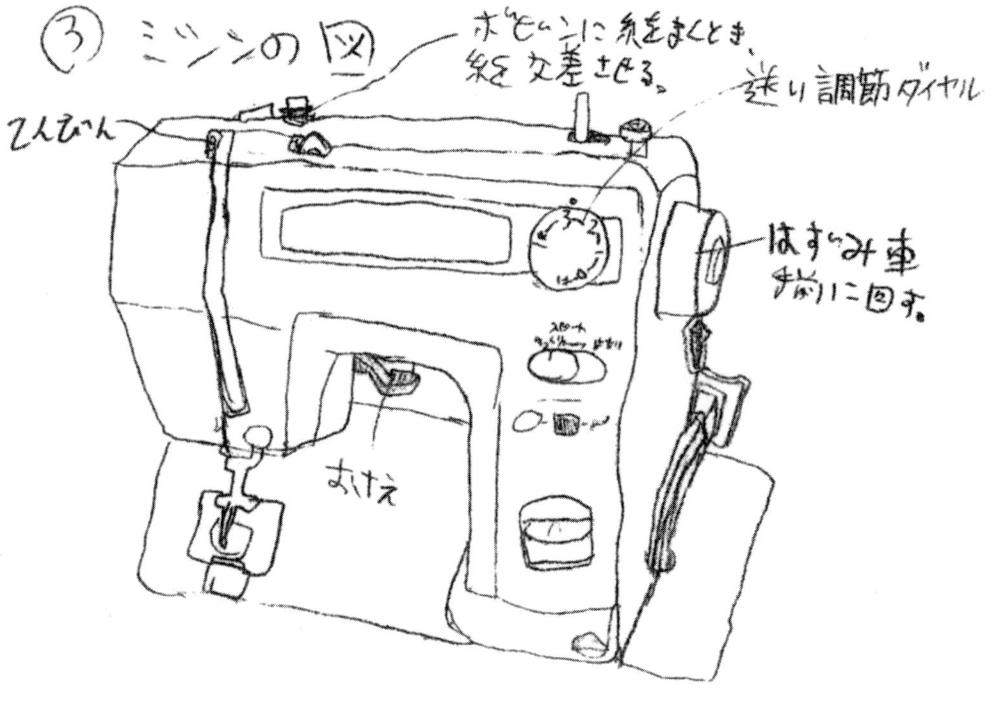

生徒作品１　立体的なミシンの図

ンを見ながら思わず顔がほころんでしまう。みんな本当によくミシンを観察したんだね。

教師の示範の説明も大変詳しく記入されていた。示範を見るときにメモまでとっている生徒もいたのである。自分はもう示範を見終わっているのに，聞きそびれたことをこっそり聞きに２回も参加している生徒もいた。説明を記入するときも「これなんて言うんだっけ？」「天びんだよ」と教え合っていた。「縫い終わったときは布はどっちに引くんだったかなあ」と学んだことをまとめていった。さらに提出されたミシンや授業の様子から，いくつかの点で授業を改善することになった。

5．評価から変わった授業

＊はじめてのクラスでこの授業をしたときの生徒の記述を見ると，「押さえ←押し」「はずみ車←まわしぐるま」といった各部の名称の聞き間違いによるあやまりがあった。そこで最後に黒板で各部の名称をまとめる時間を設けることにした。

＊特に「送り調節装置」は記入できない生徒が多く見られた。名称が難しすぎて説明だけでは覚えられないことがわかった。そこで示範ではあえて触れずおいて，最後のまとめで別に確認することにした。そのほうがより重要と感じられるようで，「送り調節装置」の定着度が高まった。

＊ミシンの図の出来上がりの差が大きかったので，見本を示すことにした。

＊示範のまとめを図に記入する際に，教科書を参考にしていた生徒がいたので，まとめのときには教科書を見てよいことにした。

＊説明を記入するときに，上糸のかけ方がまだよくわからないという声が聞こえてきた。そこで上糸のかけ方を教科書を参考に赤で記入させるようにした。

生徒の書いた絵を評価することで授業自体が変わっていったと同時に，教師による生徒の評価も以前の授業とは違うものになってい

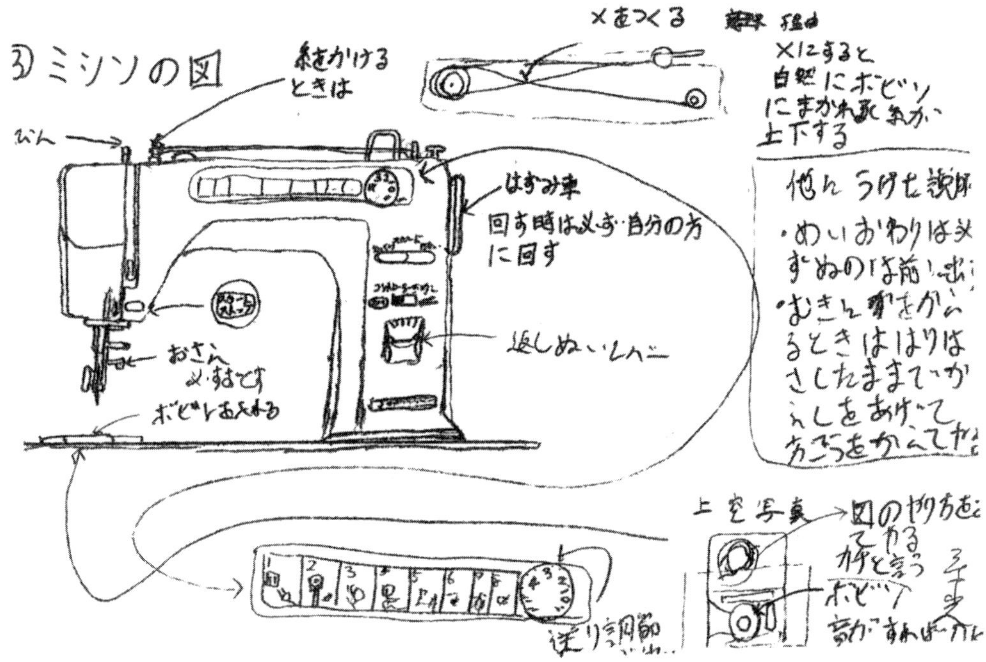

生徒作品２　説明がしっかりまとめられている図

った。

「ミシンのマニュアルを読みこなそう」の授業では，次の時間に実施した小テストの点数で行った。何を覚えたかという知識理解を評価したことになる。しかし，「先生からミシンについて学んだこと」の授業では，生徒の描いたミシンの絵のていねいさ，つまりその生徒がその時間にどのくらいミシンを観察したかと，教師の示範からその生徒が何を学んだかを評価したことになる。小テストのように知識理解ではなく，その生徒がその時間に何をどう学んだかを評価したことになるのではないだろうか。反面，どのくらい知識が定着したかはわからない。しかし，この授業で生徒はすばらしい集中力でミシンを観察し，しーんとした中で教師の示範をまとめていった。生徒どうしで教え合い，教科書を取り出して調べている生徒もいた。正直に言うと，なぜこんなに一生懸命に生徒が授業に取り組んでいるか，教師自身が不思議な気がした。本当に充実した時間を過ごすことが出来た。おそらく，それはこの授業では生徒が何を理解したかではなく，生徒が今日，この授業で，このときに，何をどう学んだかを評価することが出来たからではないだろうか。この実践記録をまとめていてそう感じている。知識理解の点数という評価ではなく，教師が評価のとらえ方を変えることが授業を変え，生徒を変えていくのではないだろうか。

（伊深祥子）

❸ 食生活

大きな“うんち”と小さな“うんち”

―食物繊維と健康―

食物繊維に関する資料を読んだのは，まだ，食物繊維の必要性が多くの人に注目される前の1980年代のことである。「子どもたちに伝えたい」と思った私は，資料の内容を話した。伝わったとは思えなかった。次に，資料を印刷して読ませてみた。子どもには難しすぎたようだ。子どもがわかりやすく食物繊維を学ぶ授業づくりに取り組んでみた。

1．食物繊維とは

(1)食物繊維が足りない

最近，テレビのコマーシャルで，食物繊維入りの飲料などが宣伝されている。テレビでも宣伝されているから，子どもたちは“食物繊維”という言葉はよく知っている。

1970年代のはじめ頃，アメリカでジュースに食物繊維を入れたものが売られ始めた，というニュースを聞いて，「なんとバカな。ジュースにしないで，そのまま果物を食べたらよいのに。なんとアメリカらしい食品だろう」と笑ってしまった。ところが，10年くらい後，日本人の食生活もアメリカと同じ傾向が進行し，食物繊維不足が言われ，食物繊維入りの飲料が発売された。食事で食物繊維をとることが出来ない忙しい現代人の飲料，と銘打って売られている。もう笑ってはいられない。

(2)食物繊維とは

「日本食品標準成分表」を見ると，今は「食物繊維総量」という欄があるが，以前は「炭水化物」の項が「糖質」と「繊維」に分かれていた。セルロース（植物細胞膜の主成分），ガラクタン（寒天の主成分），ペクチン（果実に含まれる），コンニャクマンナンなどは多糖類に属するが，人間では消化できず，エネルギー源にならない。このような「ヒトの消化酵素に抵抗する食物中の植物性物質の最終残留物」が食物繊維である。

この食物繊維は，昔は役に立たないものと思われていたが，近年，その生理作用への役割が見直されてきた。腸のぜん動運動の活性化を促し便秘を防ぎ，発がん物質の生成を抑制する，血中コレステロールを低下させるなどである。食物繊維を多量にとることで，大腸がん，虚血性心疾患，糖尿病といった先進国に特有の生活習慣病の予防，治療に効果があるとされている。

(3)日本食は食物繊維がいっぱい

日本食は食物繊維を多くとれる食事である。切り干し大根の煮物，ひじきと大豆の煮物，里芋の煮ころがし，きんぴらごぼうなど，いわゆる常備菜と言われるものは，食物繊維がたっぷりである。その他の料理でも，野菜・芋・豆・穀物・海藻・きのこなど，食物繊維を多く含む食品をよく用い，日本食を中心に食事をしている限り，食物繊維が不足することは考えられない。

しかし，日本人の食事が洋風化し，肉やバターなどを中心とした食事が多くなるにつれて，食物繊維の摂取量が減少してきた。その結果として，日本人には比較的少なかった大腸がんになる人が増加し，その他の生活習慣病になる人も増えてきた。

2．授業「食物繊維と健康」

⑴“りんご”と“りんごジュース”

前時の授業「包丁名人になろう」の授業で，りんごの皮むきをして，丸ごと1個を食べた。次の授業で，教室にジューサーを持ち込んだ。
「りんご1個食べてお腹いっぱいになった人はいますか？」と質問すると，ほとんどが「はーい」と言って手をあげる。
「今日はりんごジュースを飲んでもらいます。ただし，ひとりだけ！」

すると，「飲みたい！」という子ども数名のじゃんけんになる。じゃんけんに勝ったひとりを教卓の横で待たせて，りんごの皮をむき，持ち込んだジューサーでジュースをつくる。出来上がったら，「では，どうぞ！」グググーと5秒で飲み終えてしまった。
「では，ジュースを飲み終わった○○君にインタビューさせていただきます」「おいしかった？」「うん，おいしかった」「売っているりんごジュースとどっちがおいしい？」「こっちのほうがおいしい」「お腹いっぱいになった？」「ぜーんぜん」「もう1杯飲める？」「へいちゃらだよ」「じゃ，2個分は平気で飲めるんだ」「うん」「ジュースじゃなくて，りんごを丸ごと2個食べられる？」「食べられない」「どうして，りんご丸ごと1個のほうがお腹いっぱいになるの？」「時間をかけて噛むからだ」「そう，よく噛むと脳の満腹中枢が刺激されて，お腹いっぱいになったと感じるのです」「それと，ジュースは“カス”を食べてないからだ」「“カス”はどこにある？」「ジューサーの中」「では，ジューサーの中を開けて見ましょう」

ジューサーの中から“カス”を取り出す。班ごとに少しずつ渡し，全員食べさせる。
「まずーい」「口の中がもそもそする」「飲むとのどに引っかかる感じ」「りんご丸ごとは“カス”を食べるからお腹いっぱいになるんだ」

次に，“カス”を人差し指の上に少しのせて，他の指で“カス”を広げる。これ以上小さくならないまで広げる。
「“カス”の一番小さな形はどんな形ですか?」
「糸みたい」
「糸は衣服の素材となる繊維です」
「りんごの“カス”は食べ物の繊維で，食物繊維と言います」
「食物繊維は体内で消化できませんから，エネルギーがありません。りんご丸ごと1個と，1個分のジュース（コップ約半分）は同じエネルギーです。だから，食物繊維の多いりんごのような食べ物は，満腹感を感じる割にはエネルギーが少ない。ジュースは2個分くらいはすぐ飲めるから，エネルギーのとりすぎになる。だから，食物繊維は肥満防止にも役立つというわけです」
「他に食品で，りんごの“カス”のような食物繊維を多く含んでいる食品にはどんなものがありますか？」

食品成分表を用意し、調べさせる。
「さつまいも！」「ごぼう！」「セロリ！」「す

じの多いふき！」「ネギ！」
「野菜や果物，特にさつまいもなどの芋類，にんじん，ごぼうなどの根菜類，カボチャなどの果菜類，小松菜などの葉菜類，豆類，きのこ，そしてあまり精白されていない穀物などに食物繊維が多く含まれます。海藻にも食物繊維が含まれますが，水に溶ける食物繊維です」と話した後，「弁当箱の歌」を歌うと，子どもたちもいっしょに歌い始めた。
「これくらいのお弁当箱に…しょうが…ごま…にんじん…しいたけ…ごぼう…れんこん…ふき…」
　日本食は食物繊維がいっぱいである。

⑵大きな“うんち”と小さな“うんち”

「ところで，今朝“うんち”をしてきた人？」
　意外と少ない。4～5人である。
「何グラムくらいありましたか？」
「そんなのわからないよ」「量れないよ」
「ところが出た“うんち”を量った人がいるんですねー」
「うそ！」「汚ねー」
「イギリスのバーキット博士は“うんち”の重さを量って研究したのです。量ったのはアメリカ人，日本人，アフリカ原住民。これからは質問です。次の3つの“うんち”は，どの国の人の“うんち”でしょう！」と言って，黒板に3つの大きさの違う“うんち”の絵を掲示する。
「一番大きな“うんち”がアメリカ人だと思う人？」17人。
「日本人だと思う人？」10人。
「アフリカ原住民だと思う人？」4人。
「理由は何でしょう？」
「アメリカ人は体もでかいし，いっぱい食べるから」
「日本人だと思う。だって今朝の俺の“うんち”はあれくらいあったもん」（爆笑）
「アフリカ原住民だと思う人は？」
「何となくね。ワイルドだから“うんち”もワイルドだと思って」
　突然の“うんち”の話の登場に，子どもたちは何の勉強をしていたのか，すっかり忘れてしまっている（クラスによっては，しっかりと覚えていて「食物繊維をいっぱいとっているから」という正解を答える子どももたまにはいる）。それぞれの理由が出たところで，お互いに各意見に対して質問したり，反論したりする。その中で，食物繊維に気づいた意

誰のうんち？　アメリカ人？　日本人？　アフリカ原住民？

見が出る。出ないときには，それぞれの人たちは「何を多く食べているか」を考えさせる。
「アフリカ原住民はタロイモやバナナや精製していない穀物を多く食べています。アメリカ人は肉，バター，乳製品などを多く食べています。日本人は肉も食べるけど，野菜や芋，穀物も多く食べています。では，何を食べている人たちの“うんち”が一番大きいでしょう？」

ここまで来て，ほとんどの子どもが「食物繊維の多い芋やバナナや穀物を主食にしているアフリカ原住民の“うんち”が一番大きい」ことに気づく。
「人間は食物繊維を分解する酵素がないため，食物繊維は体の中を掃除しながら“うんち”になって出ていきます。だから，食物繊維を多くとる人は“うんち”が大きくなります」

バーキット博士によると，アフリカやインドでは１日１人当たりの大便の排泄量が400～800 g なのに対して，食物繊維を少ししかとらない北米，西ヨーロッパでは100 g，日本人はその中間だということである。

(3)“うんち”が大きいことはいいことだ

「バーキット博士は何のために“うんち”の重さを量って研究したのでしょう？」
「実は，先進国では動脈硬化，心臓病，大腸がん，糖尿病などの生活習慣病が多くなり困っているのに，アフリカ原住民にはこれらの病気がほとんど見られなかったのです。この違いが食生活の違い，特に食物繊維を多くとっているかどうかだということが，研究の結果わかったのです」
「食物繊維は，消化吸収されず，スポンジのように水分を吸い取ったり，有機物を吸着しながら腸管を通って体の外に出ていきます。場合によっては，発がん物質も薄めて，腸の壁に触れにくくし，速やかに体の外に運び出します。だから食物繊維の多い食事をしている人は，便秘にもなりにくく，大腸がんにもなりにくいのです。便秘，肥満，大腸がんを防ぐ食物繊維の多い食事をしましょう」

（野田知子）

【参考文献】

１）ベターホーム協会編，『食物繊維たっぷり料理読本』，ベターホーム出版局，(1994).
２）小池五郎・福場博保監修，『からだと食べ物』，女子栄養大学出版部，(1979).

Column 3

ランチョンマットでバランスを考える食生活

―豚肉のしょうが焼き―

教科書では「一日の献立」を指導しているが，実際の生活の中では活用しにくく定着しにくい内容である。もっと日々の食事の中で，ごく自然に，大まかでよいから簡単に，食事のバランスがわかり，理解できる教材や指導法の工夫が必要であると考えた。

視覚を活用するランチョンマットづくり

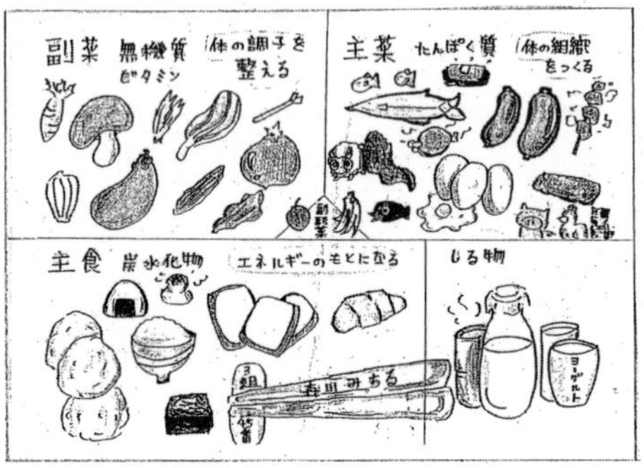

生徒作品：ランチョンマット

⑴日本料理の「一汁三菜」を活用した「ランチョンマット」の上に，調理実習でつくった料理を配膳する。

⑵「ランチョンマット」作成には，教科書，厚生労働省・農林水産省から提示された食事バランスガイドなどを利用する。1日に必要な各群の分量をランチョンマットの面積に置き換える。

⑶「ランチョンマット」には，学習したことがらの栄養素の種類とその働き，栄養素を多く含む食品例や主な献立例が絵で記入され，目で確認出来るようにする。

⑷「ランチョンマット」を利用したワークシートに，調理実習で配膳したことを確認学習する。

⑸「食事バランスシート」を使い，振り返り学習をする。調理実習ごとに「ランチョンマット」と「ワークシート」を関連させた「食事バランスシート」を使い，食事ごとの不足な栄養素は，食品はどうか，また，とりすぎている栄養素や食品は何か，バランスを1日の献立から考える。

豚肉のしょうが焼き

「『豚肉のしょうが焼き』で不足している栄養素と，食品は何でしょう」とランチョンマットに配膳が終わった各班に質問してまわると，生徒は「炭水化物」「みそ汁もほしいな」「米だよ」「いも類もないな」などランチョンマットに目を通し，配膳されていない場所の栄養素や食品名を答える。以前は生理的に「ごはんがほしい，ごはんが食べたい」という「ごはん」という一つの反応しか返ってこなかった。ランチョンマットの活用は，調理実習だけでなく，休業中の生活の中で課題学習として活用することも可能であるし，また学校給食を取り上げた課題学習も可能と考える。

（菅野久実子）

準備するもの

A3判画用紙・アニメティーフイルム（水をはじくため）・定規・色鉛筆・ハサミ

Column 4

人工ジュース

食品添加物の授業で市販のジュースの糖度や原材料，パッケージに書かれていることなどを調べた後で，人工ジュースをつくってみた。

着色料

赤・青・黄

これでどんな色も作れる。

着香料

レモン・オレンジ・イチゴ・バナナ

紅茶フレーバーもある。

酸味料

クエン酸

薬局で買える。

甘味料

スティックの砂糖（どれだけ入れたかよくわかる）・はちみつ

ダイエット用の人工甘味料も用意します。

試食用カップ

包装用品を売っている店で手に入る。100円ショップにもある。

配合が難しいし，原料の使い過ぎを防ぐために，試食用で試してから大きなコップにつくる。

炭酸水

あればより盛り上がる。

夏休み前に氷を持参させて実習すると効果的であるが，暑いので人工ジュースでもたくさん飲んでしまったりする。天然ジュースとしてレモネードやしそジュース，抹茶入り冷たい緑茶などを用意することが必要である。子どもたちにつくらせてもよいかもしれない。着色料や着香料がどんなものか実際に使うことでよくわかる。

紅茶フレーバーでつくる人工の紅茶は，ほとんど市販のものと変わらないのでびっくりする。人工ジュースに20%ぐらいの果汁を加えると市販のジュースと同じものが出来る。新しい売れるジュースの研究開発に取り組む子どももいる。

（伊深祥子）

3 食生活

清涼飲料水の糖度を調べる

—体験と実感で学ぶ—

栄養素は視覚では見にくい物質である。その働きについても文字から想像する世界である。栄養素の過不足についても，今日，明日とすぐに結果が出るものではないので，身に迫りにくいものがある。清涼飲料水の糖分の摂取量を具体的に視覚で理解できるように考えてみた。

1．視覚化を図った授業

生徒たちが家庭や部活動などで水分や飲料水を多く補給する機会が多くなる夏季休業前に，企業の商品購買戦略と重ねて授業計画を立てる。糖分の量を見える形で(砂糖を角砂糖，スティックや上白糖を使い)，見せる。

(1)授業でおさえておくこと

①自分の好みの甘さに調整された飲料から，どのくらいの糖分をとっているか。

②中学生１日の食事以外からとる糖分の量は，どれくらいが目安か。

③市販の飲料，特に好んで飲んでいる商品からは，コップ１杯，ペットボトル１本でどのくらいの糖分をとったことになるのか(可能であれば，自分の好きな飲料を持ってこさせ調べてみるのもよい)。

④砂糖以外に甘い味にはどんな種類の糖分があるのか。

⑤なぜ砂糖ではない糖分(果糖ぶどう糖液糖)を企業は使うのか。

(2)果糖ぶどう糖液糖の性質

①砂糖は飽きる甘さである。

②果糖ぶどう糖液糖はあっさりした甘い味である。

③砂糖より安価である。

④低温になると甘味を強く感じる。

⑤吸収が早い。

2．授業の流れ

(1)自分の好みの甘さづくり（1校時）

準備するもの

糖度計は32％まで計れるものを使用し，班に１台ずつ用意する。班員が多い７人の班には２台配布している。糖度計は，ゼロ調整の方法も含めて，使い方と飲んだ分量の糖分摂取量の計算方法を学習しておく。

乳酸菌飲料の原液を１人20mLほど配布する。原液は糖度53％である。53％が計れる糖度計は高価なので１本しかないため，実験後に代表の生徒に計ってもらう。

生徒には，原液を配布した時点で嘗めて感想を言わせる。水で薄めて自分の好みの甘さに調整した後，糖度計で計り，自分でつくった飲料の糖分摂取量を計算する。生徒は他の人たちの飲料も飲み合い，「これ薄いよー」「超ー！ 甘！」といった会話が聞こえ，甘さの好みには個人差があることに気づく。飲む量に差があると糖分摂取量の比較が出来ないので，全員「コップ１杯を飲んだとき」と仮定して，糖分摂取量の計算をする。計算した後は，自分でつくった乳酸菌飲料は全部飲むことにする。

今回，11月に学習発表会があることを踏まえ，２年生全員の「好みの甘さ」の統計をとることにした。５㎝正方形の紙に糖度何％だ

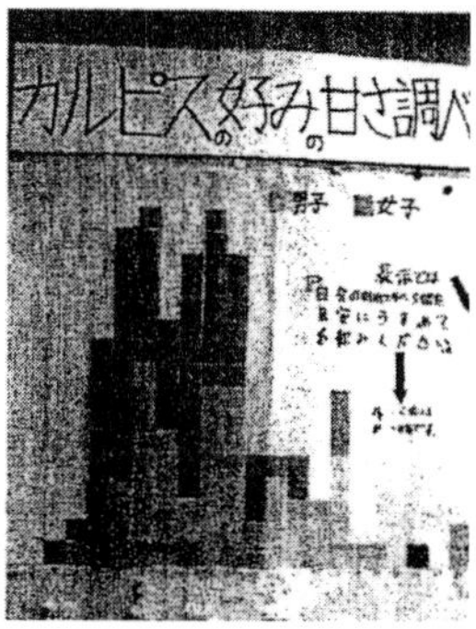

写真1
カルピスの好みの甘さ調べ

ったかを記入させ，４クラス分，160人近い生徒の紙を家庭科係の生徒の手で好みの糖度別に模造紙に貼り，統計をとった（写真１）。糖分摂取量が視覚でわかるように，１本３ｇのスティックの砂糖を糖分の摂取量に従って入れてみた。商品の表示には「４～５倍にうすめて」と書いてあるので，代表生徒に原液を４～５倍に薄めてもらい，糖度を計ってもらう。その結果が10～11％になる。生徒は，「それじゃー薄いよ」だの「俺は，ちょうどいいんだ」（業者が示した４～５倍に薄めるという基準に合っているという意味だろう）と，生徒は自分の結果と照らし合わせて反応する。

⑵「これ1杯でおしまいか」

食事以外からの１日の糖分摂取量の目安20ｇの分量を見せるため，器に20ｇの砂糖を入れたもの，あるいは，給食で使用する大きなカレー用スプーン２杯分の砂糖（大さじ２杯分が20ｇ）そして，１本３ｇのスティック約７本も用意しておく。分量を視覚で見てほしいためである（写真２）。すると，自分の好みの甘さから計算した数値を見て，11％を超える生徒からは,「これ１杯でおしまいかー」という声が聞こえてくる。

⑶市販の清涼飲料水を調べる

次に市販の飲料を用意したものを，同じように糖度計で計り，コップ１杯の糖分摂取量を計算する。事前に各クラスの家庭科係になるべく違った飲料の種類を買い物に行ってもらい，準備しておく。飲料は，炭酸類，果物や野菜系ジュース，コーヒー類，紅茶類，スポーツ飲料，お茶類，ダイエット関連飲料など。飲料の糖度を計ったとき，その商品名と糖分の種類も，表示を見ながら黒板に貼ってある模造紙に記入する。模造紙に記入するのは，他のクラスでも結果を見て考える資料にするためである。調べた飲料は試飲させる。飲み終えた容器は捨てずに，次の授業で使用する。

⑷消費者と企業（２校時）

各クラスの調べ終わった模造紙を黒板に貼り，その商品の横に容器をガムテープで貼る。原材料でわからない材料を生徒にあげさせる。
「甘い味？　アスパルテーム，糖度がゼロ％」
「アスパルテームって何？」「長ったらしい果糖ぶどう糖液糖って？」とすぐに反応してくる。果糖ぶどう糖液糖の性質を板書する。
「果糖ぶどう糖液糖が使われる理由は何でしょう」と発問すると，まず，「砂糖より安いから」という答えが返ってくる。そして，
「飲んでも飽きない甘さ…なんですって」と生徒に投げかけると，
「じゃあ，すっげえ飲める」と続き，
「なぜ」と聞くと，
「安いから…」と答え，消費者としての立場

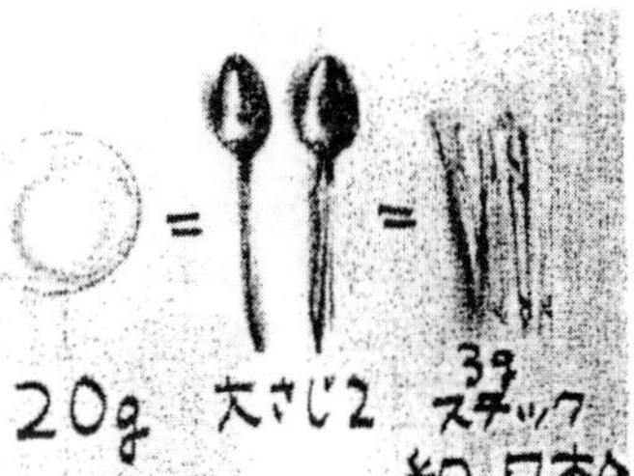

写真２　1日の糖分摂取量の目安

から抜け出せない。これはなかなか難しいところである。

「商品を売っている会社は，砂糖より果糖ぶどう糖液糖にする理由はなぜでしょう（各クラスの模造紙の記入欄を指しながら）。砂糖よりかなり多くの商品に果糖ぶどう糖液糖が使われていることがわかりますね。果糖ぶどう糖液糖を使うと，会社にとって都合がよいことがあるのではないでしょうか？」と板書の性質をもう一度見るよう促す。

「安いから会社も買うほうもいい」という答えも出るが，やっと「飲んでもいやにならないから，いくらでも飲めちゃうから，会社はもうかる」と消費者の立場と製造者，企業側の考えが見えてくる。

「どんどん，いくらでも飲めちゃう」という生徒の答えから，「コップに移して飲む人いますか？」と聞くと，生徒は「わざわざコップでなんて飲まないよ！」。当然である。「すげえ！糖分とってるよ」という発言から，今日の授業で考えたことを書くように指示する。

3．生徒の学び

①自分がよく飲んでいるジュースは，約２日半の糖分をとっていることがとても驚きだった。たくさん飲むと糖分をとりすぎてしまうので，これからは，少し控えめにしてみようと思う。自分でつくるジュースと買ったジュースの違いがあると知った。

②カロリーもないのに甘いなんてすごいと思った。それにゼロカロリーなんて本当は少し少ないぐらいでかなりの砂糖が使われているのだろうと思っていたのに，本当に「ゼロ」だったのでびっくりした。一番砂糖が多いのがサイダーやスポーツ飲料などではなく○○の野菜100％（商品名）だったとは思わなかった。実は果物の糖分って高いようだった。それでもやはり，砂糖の量はどれも多いと思った。大半のものが中学生が１日に必要な砂糖の量と同じぐらいで，ギリギリ少ないものを２，３杯も飲めば達してしまうのだからすごいものがあると思った。果糖ぶどう糖液糖は恐ろしいものだと思った。

③私が思っていた砂糖の量と実際の量はすごく違った。ペットボトル１本ですごい量の砂糖をとっていることがわかった。それなのに味があっさりしていて飲みやすいので，どんどん飲めてしまうので，怖いと思った。体に悪いので，気をつけたい。値段も安いので，すぐに買えてしまうこともわかった。よく出来ていると思った。

4．本授業から発展できる教材として

(1)糖分の表示から消費者教育

甘さ控えめ，微糖，糖分控えめ・カロリーゼロ，カロリーカットなど，カロリー，塩分表示も同様である。生徒からは「表示の意味を消費者が理解していなければいけないと思う」「売るほうは，もう少しわかりやすい表示にしてほしい」という意見が出た。消費者としては当然である。生徒にとって身近な商

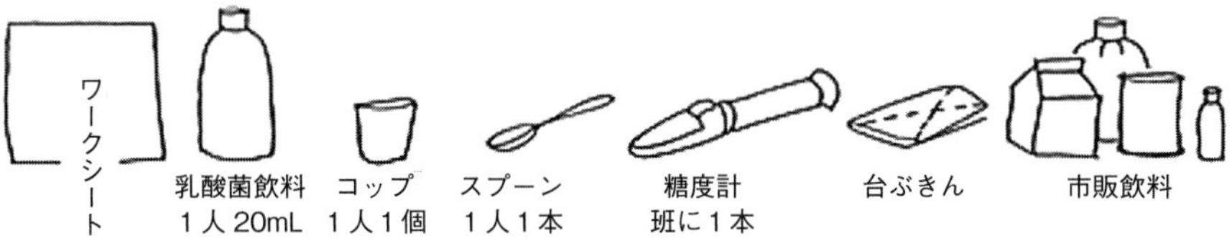

準備するもの

品から消費者の権利の学習へ発展できると考える。

⑵食品添加物と保存

アスパルテーム，ステビアといった食品添加物や地産地消の学習も扱うことも出来ると思う。

⑶糖分とカルシウムの吸収の関係

「身長を伸ばすにはどうすればいいんですか」生徒たちは，カルシウムには大変興味をもっている。カルシウムの吸収と排泄にはいろいろな栄養素との絡みがある。本授業後，無機質のカルシウムについて学習した。

このようなストーリー性をもって，好みの甘さから糖分摂取の学習，表示の学習，カルシウムを中心とした栄養素の学習へと，学習が展開できると考える。

（菅野久実子）

参考：Column 4　人工ジュース
　　　使えるレシピ3　赤しそジュース

ワークシート

1　「好みの甘さ」を計る

① カルピスの原液の糖度は　　　（　　　　　）%

② カルピスの原液を，自分の好みの甘さに薄める

③ 糖度計で計る　　　（　　　　　）%

④ コップ1杯飲んだとすると，何グラムの糖分を摂ったことになりますか　　　（　　　　　）g

計算例　＊ 糖度が12%の場合

コップ1杯分　　20mL　とすると

12（%）×200（mL）÷100＝とった糖分の量（　　　　）g

自分の式　（　　　　　　　　　　　）

2　市販の飲み物には，どのくらいの糖分が入っているか，調べてみる。

コップ1杯分を飲んだと仮定します。

商　品　名（　　　　　　　　　　）

発　売　元（　　　　　　　　　　）

糖分の種類と思われるもの（　　　　　　　　　　）

糖　　　度（　　　　　　）%

式　　　　（　　　　　　　　　　　　　　　　）

何グラムの糖分をとったことになる（　　　　　）g

❸ 食生活

魚の三枚おろし

―実演を見ながらつくるレシピ―

魚を三枚におろす実習のときは，授業のはじめに，さばき方を授業者が実演をしてから，生徒ひとり1尾をさばかせる。しかし，実演を見た直後でありながら，「先生，頭ってどこですか。どこを切るんですか」「次はどーするんでしたっけ」といった質問が出てくる。そのような質問を少なくするために，実演を見てレシピをつくった。

1．1時間で実演を見てレシピをつくる（実演場所は教室）

⑴学習活動

①料理の本や市販されているレシピなどでは，どのように，調理の方法が記され，表現されているか，自分なりのイメージをもつ。

②魚の三枚おろしの説明と実演を見ながら，ノートにさばき方の順序やポイント，気がついたことを絵も用いて書き取る。

③白紙（B4判の板目紙1／4）にノートを見ながら三枚おろしの自分のレシピをつくる（仲間のレシピを見合うために必ず表側に名前を書く)。

④実演の中で気がついたことや学んだこと，補足的なことがあれば裏側に記入する。

⑤仲間のレシピを見合う。

＊写真や絵入りの料理の本を準備しておく。

＊絵をなるべく用い，着色することを支援する（各自色鉛筆を用意させるが，班に1セット用意しておく)。

⑵レシピの活用

よく表現されている数名のレシピを選び，カラーコピーをしておく。実習のときに，先生の試食に添える。

・家庭分野の授業の学習活動の様子が養護の先生や主事さんにわかる。

・担当教科以外の生徒の活躍がわかる。

・相談員の先生方から生徒への会話づくりの一手段になる。

2．自分で書くことの学び

工程④の7名の生徒のレシピを見ると，ポイントの他に自分で学んだことも書いてある。中には，授業者がつくった実習プリントでは，出てこない表現である“ゴリゴリと音がするよ”は，実演を自分で見て，自分で気づかないと書けない表現であり，大切な学びである。⑧の皮を剥ぐのも，「ピロピロ」「ペラペラ」「ぐぃなー」という表現もあった。

ひとりでさんま1尾をさばくが，「⑦の腹骨ってどこ？」「すくいとるって，どーだったっけ？」と，今どこがわからないのか，どうすればよいのかといった質問も具体的である。何から始めたらよいのか，といった漠然とした質問は生徒間でのやり取りの中で解消していく。生徒は，レシピをまな板の前に置き，見て確認しながら，さばいている。また「書きながらさばく順番，覚えちゃった」という生徒もいた。

ただ，はじめてさばくので技術的なことやこつなどは当然わからない。「先生，私のさんまには皮がありません」という声はしかたない質問だと思う。

レシピの裏側には，

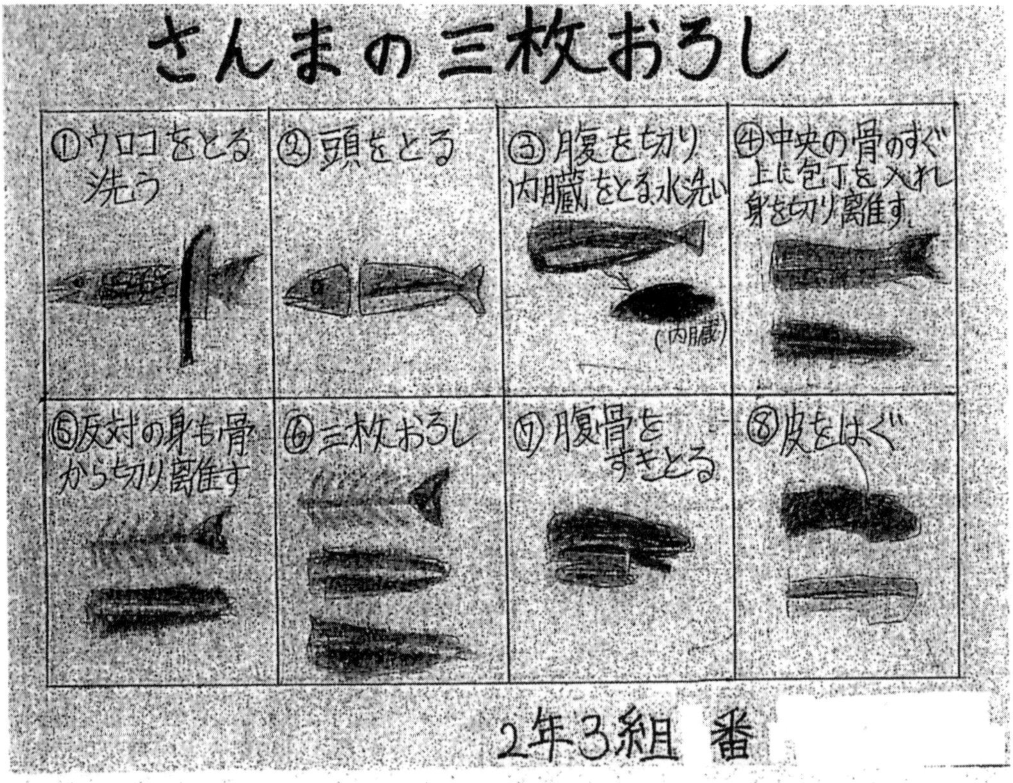
さんまの三枚おろし
①ウロコをとる 洗う
②頭をとる
③腹を切り 内臓をとる.水洗い
(内臓)
④中央の骨のすぐ上に包丁を入れ 身を切り離す
⑤反対の身も骨から切り離す
⑥三枚おろし
⑦腹骨をすきとる
⑧皮をはぐ
2年3組 番

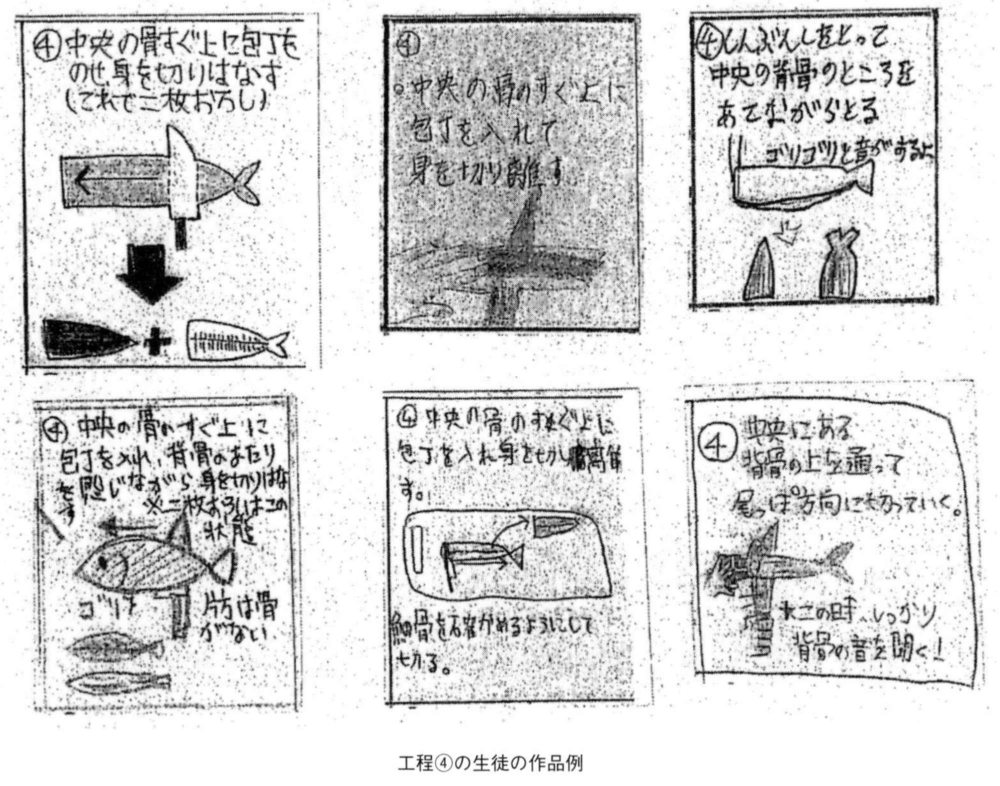
④中央の骨すぐ上に包丁をのせ身を切りはなす (これで三枚おろし)
④ ・中央の骨のすぐ上に包丁を入れて身を切り離す
中央の背骨のところをあてながらとる
ゴリゴリと音がするよ
④中央の骨のすぐ上に包丁を入れ、背骨のあたりを感じながら身を切りはなす
※三枚おろしはこの状態
ゴリ
片方は骨がない
④中央の骨のすぐ上に包丁を入れ身を切り離す。
④中央にある背骨の上を通って尾っぽ方向に動かしていく。
※この時、しっかり背骨の音を聞く！
工程④の生徒の作品例

・包丁の種類（出刃包丁・菜切り包丁・洋包丁など）。
・食品の臭いをつけないために，包丁やまな板を洗ってから使う。
・②のとき，頭はだしをとることが出来るけど，今回は捨てる。
・⑧皮は頭のほうからとる（新鮮なものほどとれやすい）。
・⑨ミンチにする（骨を砕くように）。
・⑩丸くする（○←こんな感じに，みそ汁にする）
・揚げる→さつま揚げ，蒸す→はんぺんなど。

ノートにとるときに，「どれだけ多くのことを学んだかを見ます」と伝えてあったので，裏側にもノートからの学びを書いた様子がわかる。

調理実習の学びを深め，主体的な活動をするために，魚の三枚おろしのレシピづくりで，今回1時間とった。しかし調理実習の度に1時間とるのは授業時間数の少ない現状では難しいことである。調理実習の題材によっても変わってくるであろうと考える。

（菅野久実子）

Column 5

だしを調べる

自分の家で使っているだしを持ってくるところから授業を始める。かつおぶしパックや煮干しもチラホラ見えるが，ほとんどの子どもが化学調味料を持ってくる。どんなだしを持ってきているか集計してから，だし素材そのものを試食する。かつおぶし，こんぶ，煮干し，化学調味料の順でだし素材そのものを自分の舌で味わってみるのである。化学調味料の白い粉をなめて，あまりのまずさに顔をしかめる子どもが多いのだが，甘くておいしいと平気な子もいるので，多量にとりすぎないように注意が必要である。自分がまずいと思う化学調味料の白い粉をおいしいという友だちがいることにビックリしたり，口直しにと煮干しが取り合いになったりする。かつおぶし削りも用意しておき，かつおぶし削りも体験してもらう。

さて，それではこの化学調味料という白い粉はどういうものか勉強しようと学習を進める。さまざまな加工食品（冷凍ハンバーグ・スナック菓子・インスタントラーメン・清涼飲料水）を用意しておき，どの製品に化学調味料が含まれているか表示を見る。すると，ほとんどの加工食品に化学調味料が使われていることに気づく。化学調味料が含まれていないのは甘いものだけである。化学調味料の原料が石油からさとうきびに変わったことや，安全性についての学習もする。日本人が発明したものであることは意外なようである。

実習は天然だしと化学調味料でとうふのすまし汁を同時につくってみる。天然だしをとっただしがらを食べてみると，うま味がなくなっていることを確認できる。そして，調理にかかる時間・味・かおり・色などを比べる。粉のままだとあんなにまずかったのに，すまし汁にするとおいしいという子もいれば，とっても簡単だけど，なんだか舌に変な感じが残るという子もいる。

学習のまとめとして，だしについて自分の考えをまとめると，実にさまざまな意見が出てくる。天然だしのほうが体によいと思うけれど，忙しいお母さんを見ていると，化学調味料をやめてとは言えないという子がいる。やっぱり人間は自然のものを食べるべきだという意見も出てくる。加工食品を食べない生活は考えられないので，もっとおいしく，もっと安全な調味料を開発するべきだと考える子，今まで気づかなかったのに，授業の後で化学調味料が入っているとすぐ気がつくようになって困るという子もいる。どの子も自分の舌で感じたこと，調理実習の体験をもとに，自分の家の様子や，自分の食生活を振り返りながら，それぞれの考えを述べている。

あふれる食品，便利な加工食品に囲まれている私たちにとって，豊かな食生活とはどんなものだろうか。このだしの授業に続いて，手づくりと市販のハンバーグの比較実習，人工ジュースづくりという題材を取り上げている。この３つの題材を通して，自分の食生活をみつめ，これからの食生活を考えるきっかけをつくることができるのではないかと考えている。

（伊深祥子）

3 食生活

バターづくりの授業

ボウルに生クリームを入れ，泡立て器で泡立てるとフワーッとしたクリームになる。さらに攪拌し続けると，液体が出て，黄色いバターができた。驚いた。生徒にもやらせたい。授業研究会で何度も検討した。その中で，「泡立てる」のではなく，生クリームの中の脂肪をぶつけ合っているのではないかということに気づいた。そうなら，シェーカーのようなものに入れて振っても出来るはずだ。中が見えるジャムなどの空きビンに生クリームを入れて振った。出来た！　1975年頃，研究会での討議の中で出来た方法である。

1．乳はどんな食べ物か

⑴乳文化

私たち日本人の日常の食卓に乳製品が登場したのは明治以降である。稲作を中心とした農業と漁業をもとにした日本の食生活においては，酪農の生産物である乳を飲んだり，乳製品を食べる習慣はほとんどなかった。

乳食文化圏は，食用作物を栽培するのには適していない，気候的に寒冷な地域や乾燥している地域に位置している。生活に必要な食料を獲得するには，ヒトが食用に出来ないような『何か』を食べて生きることが出来る動物を，利用する方法が考えられる。ヨーロッパなどで，牧草を牛に食べさせてその乳を利用する酪農業が発達したのも気候的な要因が大きい。北海道も同じことが言える。寒冷な地域のモンゴルでは馬やヤクの乳，砂漠地帯ではラクダの乳，中東では山羊や羊の乳などが飲用され，その地域独特のチーズやヨーグルトなどの乳製品がつくられ，命綱とされてきた。乳の利用の最大の利点は，生きた動物を殺さずに何度も繰り返し，利用できることである。野菜や肉，魚，穀類などの食べ物は「命あるもの」である。しかし，乳は，牛が食べたものでつくる代謝生産物であり，仔牛のために親牛がつくる「命のめぐみ」である。それを人間がいただいているのだ。

桶型チャーン
（ネパール）

ヤギの皮袋にクリームを入れてゆさぶり，バターを分離する
（ネパール）

⑵しぼったままの牛乳と市販乳

しぼりたての牛乳は，乳脂肪とその他の成分がよく混ざり合った状態（乳化状）をしているが，約１日静置すると，乳脂肪を主成分としたクリームは上に浮いてくる。市販乳は脂肪球が上に浮かないように細かく砕き均質化（ホモゲナイズ）されている。自然食品店や生協などには,「ノンホモゲナイズド牛乳」として「ホモゲナイズしていない牛乳」が売られているところもある。

⑶バターの出来るしくみ

バターは，上に浮いたクリームだけをすくい取ってつくる。工業的には，遠心分離器を使って分離する。そして，このクリームの脂肪球をぶつけ合う。すると，脂肪球の皮膜が

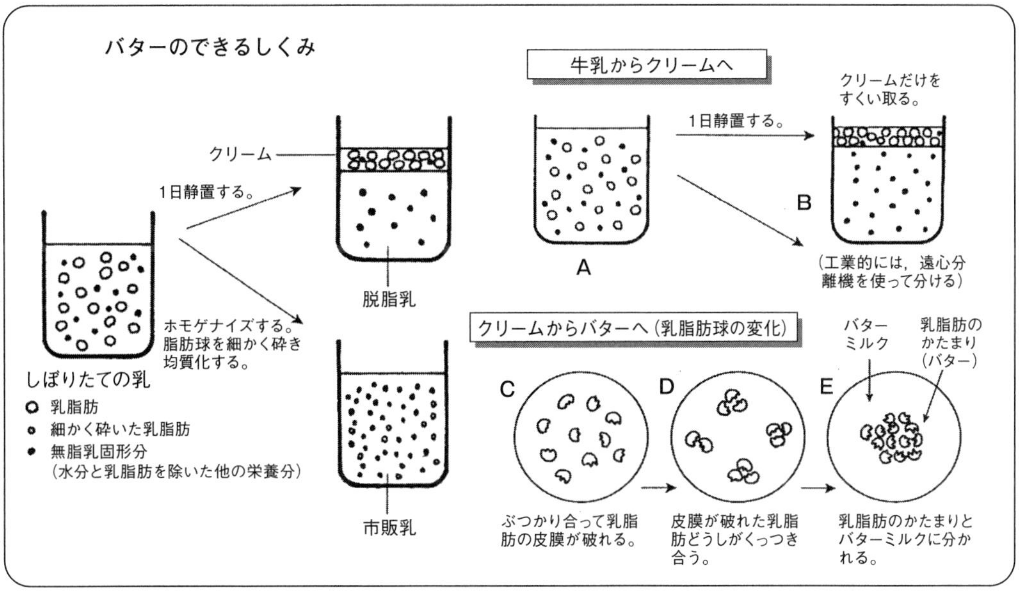
バターのできるしくみ
牛乳からクリームへ
クリーム
1日静置する。
脱脂乳
ホモゲナイズする。
脂肪球を細かく砕き
均質化する。
市販乳
しぼりたての乳
乳脂肪
細かく砕いた乳脂肪
無脂乳固形分
（水分と乳脂肪を除いた他の栄養分）
A
1日静置する。
B
クリームだけを
すくい取る。
（工業的には，遠心分
離機を使って分ける）
クリームからバターへ（乳脂肪球の変化）
C
D
E
バター
ミルク
乳脂肪の
かたまり
（バター）
ぶつかり合って乳脂
肪の皮膜が破れる。
皮膜が破れた乳脂
肪どうしがくっつき
合う。
乳脂肪のかたまりと
バターミルクに分か
れる。

破れて乳脂肪どうしがくっつき合い，乳脂肪のかたまり，つまりバターが出来る。乳脂肪はベタベタしていてくっつきやすいので，単純にゆすったり，かき混ぜるだけで出来る。このようにしてバターをつくる道具をチャーンと言い，世界中にいろいろな形のものがある。

2．市販の生クリームを使ってバターをつくる

方法1　蓋つきビンを振ってつくる

①生クリーム（乳脂肪分35％）を，ジャムなどの入っていた空きビンに大さじ１～２杯入れる。

②蓋をして，手に持って振り続ける。しばらくするとビン全体が泡立った生クリームで覆われる。

③さらに振り続けると，バターとバターミルク（薄黄色の液体）に分かれる。

④バターミルクを別の容器に移し，冷水を少し入れ，振って洗う。

方法2　泡立て器でかき混ぜてつくる

①ボウルに生クリームを入れ，泡立て器でかき混ぜる。

②ふわっと泡立ってもさらに混ぜ続けると，ポロポロの薄黄色いバターと液体のバターミルクに分かれる。

留意点

＊バターは気温が高くなると溶けるので，生クリームやビンは冷やして使うとよい。寒い季節のほうがやりやすい。また，ビンが温まりすぎたら，周りを氷で冷やすとよい。

＊生クリームは乳脂肪45％と35％のものが市販されている。45％は脂肪が多すぎて，よく動かないので時間がかかる。35％のほうが短時間で出来る。

＊出来たバターは熟成していない無塩のフレッシュバターである。

（野田知子）

【著書紹介】

野田知子著『食育・食農教育のための実践テキスト「食べもの」から学ぶ』（明治図書）

2,520円（税込）

食育とは何か，何を教えたらよいのかを見直す１冊になる本である。

筆者は，長年，中学校の家庭科教諭として食教育に携わってきた。子どもたちの実態を考慮し，試行錯誤して授業をしてきた。そして，食教育の基礎に農業の体験と学びが必要であると考えるに至った。つまり，食べものはどのように生産されているかを，労働を通して学び，今食べているものが，多くの人の知恵と努力で，生産技術・加工法・調理法などの技術が開発され，自然のものを人間の食べ物としてつくり上げ，文化を築いてきた，ということを体験と学びを通して認識する。そして，各人が自分なりの「食べものとは何か」という考え，いわば食物観と言うべきものをもつ必要がある。そのことを基礎に，いかに食べるべきかなどの食教育が行われるべきだ，と考えてきた。この本は，これまで実践の基礎として学んだことをもとに執筆したものである。

授業づくりの参考になり，新しい視点を得られる。内容は下記である。

●食の世界へのプロローグ　―食べものとは何か―

●１～10章は，米，小麦，雑穀，大豆，魚，肉，芋，野菜，乳＆乳製品，甘味&砂糖，各食　品を生産から調理・栄養まで総合的に記述されている。

●エピローグ　―循環型社会の形成をめざして―

Column 6

焼きそばから始める調理実習

はじめての調理実習を何から始めようか。調理室の使い方も伝えなくてはならないし，安全性にも留意しなくてはならない。何よりも片づけをきちんとできるようになってもらわなくてはこれからの調理実習はやらせられない。これまでは作業量の少ないだしの実習をはじめての調理実習にしてきたが，子どもたちがこれから調理実習で学ばなくてはならないことを見つけるような実習から始めることはできないだろうか。

そこで，グループ分けをした後にいきなり焼きそばの調理実習を実施することにした。1グループは4・5人であるが，グループを2つに分けて2・3人で焼きそばをつくる。教師からは何も教えない。材料は麺と豚肉とキャベツともやしだけで，味つけは自由にした。ソースでも醤油でも塩焼きそばでもよい。材料は豚肉だけを学校で用意し，他の材料は自分たちで用意することにした。

2・3人のグループ（ほとんど2人）なので，何にもしないでぼんやりする子はいない。後日，親御さんから「先生，焼きそばの前の週はうちでは2回も焼きそばだったんですよ」という話を聞いた。家で予習した子どもがいたらしい。教師からの説明はしない。安全性の注意をするだけである。不安いっぱいで焼きそばづくりが始まった。まず，フライパンや中華鍋を探す。包丁はどこだ？　肉はどう切る？　キャベツはどのくらい入れる？　もやしはいつ入れる？　火加減はどうするの？　味つけはこのくらい？　洗剤を使いすぎて泡だらけで大変！　何とか全グループが完成して試食が始まった。食べようと思ったらお箸がない！　水を入れすぎて伸びちゃった焼きそばや，焦げた焼きそば，いじりすぎて短く切れた焼きそばもある。塩味が絶妙な焼きそばも登場する。片づけの指示を徹底して，片づけが合格したグループから今日の学習のまとめに入る。授業のはじめに，今日の調理実習の課題は「焼きそばづくりで学んだこと」「これからの調理実習で学びたいと思ったこと」であることを伝えてある。学んだことをグループごとに黒板に記入していった。まとめでは失敗したグループのほうがたくさん学ぶことができたようである。

学んだこと

＊肉は焼くと縮む。…まるで大発見をしたかのように「先生，肉って縮むんですよ！」
＊麺が多いと食べきれない。…ものには適量というものがある。
＊片づけながらやらないと大変なことになる。…流しが汚れ物でいっぱいだ。
＊火加減が難しい。こげちゃった。…ハンバーグのときに詳しく教えるよ。
＊味つけが難しい。…次のだしの授業で味覚と味つけをやろう。
＊大変だった。これ以上難しいのは無理。…段取りが大切。3品同時まで学ぶよ。

焼きそばづくりから調理実習を始めることで，子どもたちから調理実習で学ぶべきことがたくさん出てきた。今日発見した「学びたいこと」をこれからの調理実習で学んでいくことになる。

（伊深祥子）

❸ 食生活

回転寿司から見えてくる学び

—フード・マイレージ—

「味が薄くてまずい」,「先生，普通はシチューの中には豆は入れないしょっ」「今日も，ナスかよ」給食中でのひと言である。このような生徒の言動も含めた日本人の豊かな食生活は，どこからきているのかを，もう少し深く考える機会をつくる必要があると考え，フード・マイレージを取り入れた授業を実施した。

1．生産と消費を結ぶ授業（1時間め）

⑴回転寿司のメニューから見えてくるもの

授業前に2時間の授業が終わるとき，自分でどんなことを学習したのか，どんなことを学んだのか書くことを指示して授業に入った。

導入は回転寿司のメニューから自分が食べたい寿司を選ぶところから入った。メニューは実際の回転寿司の店から授業で使いたい旨を伝え，いただいたものをカラーコピーし，班に2枚配布した。生徒は「これがおいしかった」とか「これどこの店？」「きのう家で食べに行ったよ！」と盛り上がる。

最初は生徒が自分で買うコンビニのおにぎりのほうが題材として実生活に沿っていると考えたが，おにぎりは各コンビニとも，国産原料を用いるものが多く，この教材には不適切と判断した。回転寿司はメニューがきれいで，メニューに表示してある原産国からネタの食材がどこから来ているかがわる。また，個食ではなく家族という集まりで食事をするという点で，おにぎりより回転寿司の教材が適切であったと，授業中の生徒の反応からも気づいた。

模擬注文した寿司の寿司ネタの食材が，どこから来たのかをメニューから知る。「モーリタニアってどこ？」「モザンビーク？」という声が聞こえてくる。「各国から日本（東京港）までの輸送距離」「国内の輸送距離」の資料は，中田哲也氏のもの[1, 2]を用いた。

寿司ネタの分量は全員同じ分量として，フードマイレージを計算させた。実際に計算したフードマイレージの例を表1に示す。理解しやすくするため，単位はkg・kmとした。

ここでは，フード・マイレージの計算とその利点，そして，遠くから輸送してくる食品の量が多ければ，フードマイレージの数値は高くなることだけをおさえた。

授業を進める上で，「各国の1人当たりフ

表1　注文した回転寿司1皿（ネタのみ）のフード・マイレージ

	注文メニュー	食　材	産　地	重　量	輸送距離	フード・マイレージ
1	ひらまさ	ひらまさ	大分	40 g	1,171.4km	46,856kg・km
2	たこのやわらかに	たこ	モーリタニア	40 g	20,805.8km	832,232kg・km
3	炙りとろサーモン	サーモン	ノルウェー	40 g	21,987.8km	879,512kg・km

（輸送距離は，資料の東京港まで（輸入），東京都庁まで（国産）のものをそのまま使用）

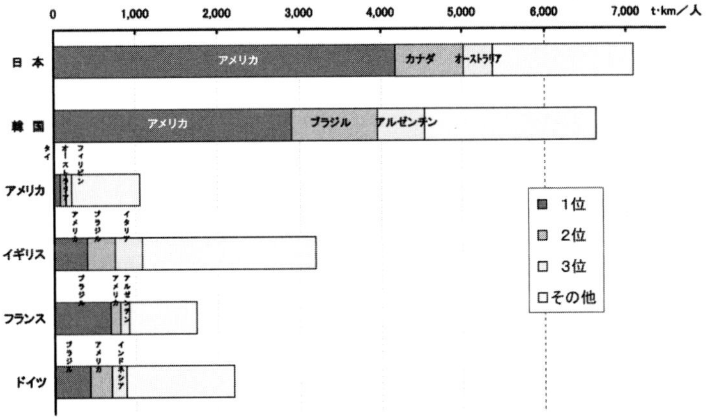

図1　各国の1人当たりフード・マイレージ

ード・マイレージの比較（輸入相手国別）」（図1），「各国のフード・マイレージの比較（品目別）」，「クイズ形式のワークシート」を順を追って生徒に提示していった。

クイズ形式のワークシート「ロス落とし」は，賞味期限により販売できなくなった商品のことで，「ロスの登録をすること」を「ロス落とし」と言う。このことは，生徒はコンビニが大好きでよく使用していること，時期的に多くの生徒が，地域のコンビニに職場体験に出向くことで，より身近な資料となるであろうと考えた。

また「世界の食料事情」（資料1）の⑨については，生徒の共通する食事体験と，学級での「食べ残し」の分量が目に見える利点で，

資料1　世界の食料事情

世界の食料事情

1　2003年

①　イラク戦争の犠牲となったアメリカ人は　□　人

②　イラク戦争で犠牲となったイラクの民間人は　□　人

③　１年間で飢餓でなくなった人は　□　人

2　なぜ飢餓でたくさんの人が死んでいるのでしょうか

①　　　　④

②　　　　⑤

③　　　　⑥

3　日本と世界の食料事情

①　世界で生産される穀物は，年間　□　億トン。

②　世界の人口　□　億人の２倍の人が食べて行ける穀物生産である。

③　先進国は貧しい国の　□　倍の穀物を使用している。

④　世界で一番穀物を輸入している国は　□　である。

⑤　日本が食べているのは，輸入した穀物の３分の１だけである。
残りは　□　になっていて，直接食べていない。

⑥　霜降りの和牛１kgをつくるために，牛は　□　kgの穀物を餌として食べる。

⑦　日本の食料自給率は　□　%。日本は年間1,131万トンの食料を棄て，日本の棄てた食料で　□　万人の飢餓で苦しむ人を救える。

⑧　コンビニ企業１社から１年間に出る「ロス落とし」は　□　万人が１年間食べる量である。

⑨　給食の献立の中で多く棄てられている（食べ残し）　□　は　□　人分の食料である。（全校生徒は　□　）人

給食を取り上げた。栄養士さんに，特に食べ残しの多い献立，調理した全体量と給食後給食室に戻ってきた分量，食材名も聞いた。食べ残しの分量の概量を把握しやすくするために，全校生徒や全学級数に置き換えてみた。例えば，「食べ残しの多かった「ゆず大根」という献立のサラダは66％が給食室に戻ってきました。このパーセントを学級数に置き換えてみると，全校12学級分つくりましたが，給食室に戻ってきた食べ残しの分量は８学級分です」といった具合である。

⑵生徒が図や資料から読み取ったことがら

生徒からどんどん言葉が出てくるので，そのつど私は黒板に列挙していく。

○輸入量がすっげえ多い。
○遠くから食品を輸入している➡輸送距離が長いので，運ぶときは多くの化石燃料を使っているということだから，炭酸ガスを出している。
○地球温暖化の原因になる。
○オゾン層も破壊している？(かもしれない）ということは，
○環境を悪くしている。
○アメリカからの輸入量が多い。輸入する国が決まっている➡「アメリカが売ってくれないと日本は困る」「もし気候が異常気象で，災害もあったら…」「アメリカとなかよくしないとだめだ」という意見も出てくる。
○穀類を多く輸入している。
○１人当たりの輸入量も多い。
○自給率が低い。耕地面積が狭いから。農業している人が少ない。
○日本人が食べる以上の食料を輸入している。
○ロス落としが多い。
○食べ残しが多い。

2．授業後の感想

○日本は，とっても，もったいないことをしている国だと思いました。自給率が先進国で最低なのにほとんど捨てているので，日本の反省すべき点だと思います。ロス落としや食べ残しをいかに減らすか，身近なところから考えていきたい。給食をあまり残さない。
○日本の現状はひどいと思った。輸入量は多いし，半分以上をアメリカに頼っていて，おまけにロス落としや食べ残しが多いなんて最悪だと思った。でも，自分自身も好き嫌いをしているので自分の生活を見直そうと思った。
○日本はたくさん輸入をしていて，そのことによって，化石燃料を多く使用し，二酸化炭素を多く出しているため，地球温暖化が進んでしまうのに，自分たちはたくさんの食べ物を捨てているので，反省しなければいけないと思った。
○現在の日本の状態がわかった。これからの日本を変えていく必要があることに気づいた。無駄を省くことと残したりしないこと。

○私は小学校高学年の頃に，食べ物を残したら「アフリカ人たちは，食べたくとも食べられなくてかわいそう」と思いました。いつも，残したら「アフリカの人に悪い」と思ってなるべく残さないようにしていました。そして，今回改めて勉強して，食べ残すことはよくないと思いました。残さず，食物を大切に食べていきたいです。

○この授業を受けてみたら，日本の食料事情がよくわかってびっくりした。とても信じられない結果でした。日本の食料は輸入品ばかりだということは，知っていたが，こんなにも輸入されているとは思いませんでした。時間が少なくて，もう書けませんがリスクなどもとてもよくわかりました。信じられないと言うより信じたくありませんでした。

○流れが早すぎて，よくわからなかったが，食べ残しの水分を抜き取り，肥料にすればよいと思いました。食べ残しを出来るだけしない。だが，おいしくないものは，おいしくないのでしかたがないと思います。

○学校の給食の食べ残しがすごいことにびっくりした。たまに給食の野菜を残したりするけど，なるべく食べようと思った。余った分を，他の国や貧しい人々にあげたりすればいいのにとも思った。

○日本は一番，食料の量と輸送距離が長くガソリンをかなり使うので，地球にも害があって大変なことになっていると思う。もしかしたら40年後には，石油がなくなってしまうかもしれないので，さらに地球は危なくなると思う。草や木を多く植えて二酸化炭素や排気ガスをちょっとずつなくすことが出来るので，この活動を実施したいと思う。

3．何を学んだかを自分に問う授業（2時間め）

⑴前時に書いた感想を読み合い，どうしたらよいか意見を出し合う。

①自給率を上げる。
②必要な分だけつくる。
③食べ残さない。
④ロス落としを少なくする。
⑤ロス落としは肥料にリサイクルする。
⑥ビニールハウスは考える。
⑦旬のものを食べる。
⑧輸入はもっと近くからにする。
⑨国内ならもっといい。
⑩木を植える。
⑪二酸化炭素を出さない燃料を考える（自然エネルギーだ！）。

感想の中の「余った分は貧しい国にあげればよい」と「嫌いなものは食べられない，おいしく食べたい」という2つの意見は，生徒からは出てこなかった。そこで私のほうから「余った分は貧しい国にあげればよい」という考えはどうでしょうと投げかけてみた。「必要な分だけつくる」が意見として出ているので生徒からの反応は鈍いものであった。「余った分は貧しい国にあげればよい」について

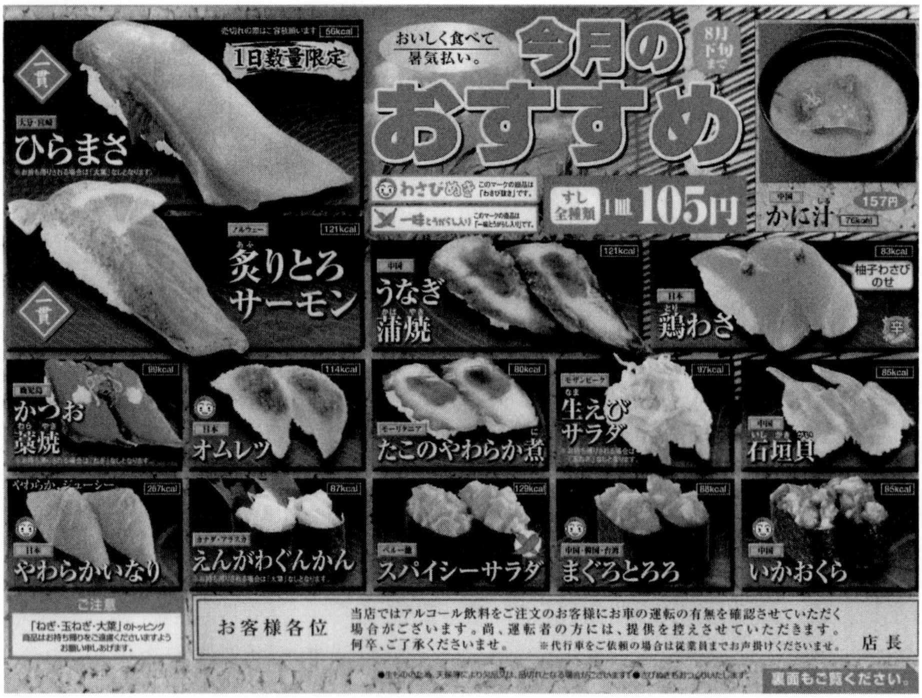

回転寿司のメニューの一例

は，私が，アフリカのタンザニアの例をあげた。安い値段で，タンザニアに米を輸出している国々の市場を奪うことや，救援物資に頼って地元の人たちの自立を妨げることにもなりかねないとしたら，どうしたらよいのだろう。また，「嫌いなものは食べられない。おいしく食べたい」といった好き嫌いについても，人間は他の動物と違い，空腹が満たされれば満足する生き物ではないようです。これもどうしたらよいでしょうと投げてみた。

⑵この授業からの学びは何かをノートに書く

例をあげてみると，「食品と環境のつながり」「64億人で決まる世界」「日本の無駄」「輸入に頼る日本」「食品の行方」「食べ物と環境を守れ」「日本の事情と無駄をなくす改善策」「日本の温暖化」「日本と世界の食糧の結びつき」「日本の食料状態」「食事と環境」「日本での食品の使われ方」など生徒一人ひとりの言葉で，この授業の学び，目標を言い当てていると思う。どれをとっても間違いはない。

回転寿司のメニューから，食品の消費，食べ方，エネルギー，環境，企業の姿勢，農業政策を含む政治的要素も含んだ大きな広がりの学びが見られたのは事実である。

（菅野久実子）

【参考文献】

1）中田哲也,『食料の総輸入量･距離（フード･マイレージ）とその環境に及ぼす負荷に関する考察』,（2003），農林水産政策研究（5），農林水産研究所.
2）中田哲也，『フード・マイレージ　あなたの食が地球を変える』，日本評論社，（2007）.

中学生になって最初の衣生活の授業は，「はじめて制服を着たとき」の出来事を書いてもらうことから始める。中学生になってはじめて制服を着たときに，どんな思いがしたのか，誰にどんなことを言われたのか，どんな事件があったのかを絵入りで表現してもらう。

Column 7

はじめて制服を着たとき

・制服がぶかぶか。
・お父さんに大人になったねって言われた。
・朝，制服を着るのに20分もかかる。ボタンがいっぱいある。
・お兄ちゃんに似合わないって言われて大ゲンカした。
・なんだか自分が輝いたような気がした。

事件
制服を忘れて大さわぎ
になってとっても大変でした。

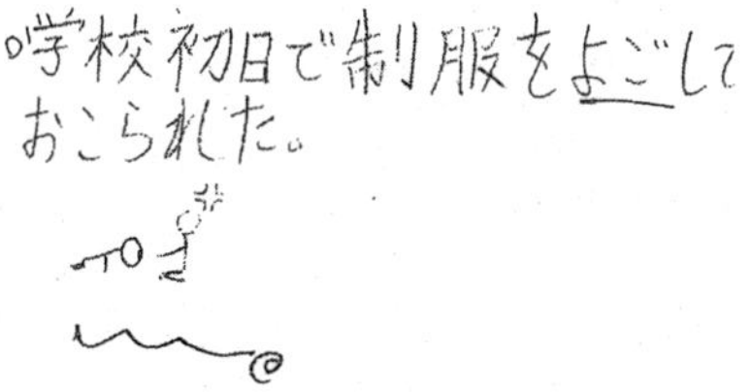

学校初日で制服をよごして
おこられた。

初めて制服を着たときは「いよいよ中学生になるんだなと思いました。
なんか大人になったような感じで
自分が輝いているような気がした

それぞれが自分の制服の出来事を語ってくれる。そこから制服の手入れはどうしてる，どんな布でできているのかなと品質表示の授業を展開する。体育着やジャージとの違いも知る。布を織って制服がどんなふうにつくられたのかも学ぶ。自分に似合う色を試してみて，なぜ制服は黒や紺が多いのかも考えてみる。衣生活の授業は制服をテーマに取り組んだ。

（伊深祥子）

❹ 子どもの成長

子どもは誰が育てるか

—生活に活かす家庭科（家庭分野）の授業—

自分の子どもが生まれたとき，母親として・父親として子育てにどのように臨むかを考えさせたいと思っていた。生徒が自分の考えをもち，他の人と意見を交流することで，改めて自分の価値観が問われた。自分自身の価値観を大切にし，生活に活かす家庭科（家庭分野）の授業の試みである。

1．家庭科（家庭分野）から取り組む男女平等教育

⑴授業のねらい

生徒たちが父親・母親になる頃は，人口も減り，社会も労働力の担い手として女性の力が求められる時代である。子育てについては“育児への男性参加は当然である”という論調が言われ始めてから何十年もたつ。授業で問われれば，生徒たちもそのように答える。しかし，実態はどうだろうか。よいとわかっていても，生活の実態にはなっていない。生徒たちが他の人と意見を交流する中で，自分の価値観を見いだせること，さらに心情的な面だけでなく社会のしくみにも目を向けることが出来ることをねらいとした。

①幼稚園と保育園（保育所）の違い

導入として，“自分だったらどちらの園に通わせるか”を考えるところから２つの園の違いに気づき，女性の仕事と子育ての関係を浮き彫りにさせていきたいと考えた。しかし，生徒は自分が幼稚園に通っていたら「幼稚園に通わせる」と言い，保育園に通っていた子は「保育園に通わせる」と答え，女性が仕事をもっているかどうかで，どちらに入園させるのかが分かれるということに気づく生徒はいなかった。そこで，自分の生活や家族関係を振り返ってもらうことから導入するほうが生徒は理解しやすいのではないかと考えた。

②資料の収集

授業の資料として生徒にインパクトを与えられるもの，目で見て確認できるものを準備する。

「子育ては女親がやる，もしくは出来て当然」という風潮に一石を投じたのは，厚生省（現厚生労働省）が1999年にダンサーのSAMをモデルに起用した「育児をしない男を父と呼ばせない」というポスターであった。このインパクトのあるコピーは話題を呼び，女性からの「ようやく国がそのことを言ってくれた」と支持する意見が多い中,「男にも都合があるのに，女性の育児放棄を助長させるのではないか」「国が家庭の問題に介入するのか」「男は育児の時間がない」など男性や政党からの反論もあり，賛否両論を巻き起こしたということがインターネットの「男も女も育児時間を！連絡会（育児連)」のホームページに示されていた。家庭や家族をめぐる価値観の違いは大きいのである。

大日向雅美の『子育てがいやになるときつらいとき』（主婦の友社）を読み，私自身が改めて母性について考えるきっかけももった。雑誌『こども未来』（財団法人こども未来財団）や各自治体で出している子育てガイドブック・子育て支援ブックなども収集し，アメリカの保育状況のビデオに

も目を通した。さまざまな情報を得るうちに，授業を実施する際の資料の示し方の工夫の必要性を感じることになった。

⑵この授業で，生徒とともに考えたかったこと

近年，子育てへの保護者のかかわりの大切さが強調されていて，男性の育児休暇など制度的な改善も見られている。しかし，現実は母親への依存が見られ，「子育ては主に母親がする。父親も出来るだけ手伝う」というかかわり方の家庭が多いのではないかと感じていた。この授業を通して子育てについて，男女の差なくかかわることの重要さと子育てを支援する社会の制度の整備の必要性に目を向かせたいと考えた。

子育てへの父親・母親のかかわりについて聞いたとき「父親の育児参加は必要である」と答えた生徒たちに「本当に必要か？　本当に出来るのか？」を問い直し，仲間の意見を聞き合う中で，それぞれの考えに揺さぶりを試み「自分は…」と個人の考えをもつことが出来るようにしたいと考えた。

2．子育てを考えることは自分の育ちを認めること

授業を終えた後に養護教諭から次のような話を聞いた。「父親に育てられたけど，自分はちゃんと育った。父親の子育てが下手だということはない」と堂々と意見を述べていたＳさんは，１年生の頃，離婚した母親を慕い「父親がいやだ」と保健室で泣きながら訴えていた子だったが，発言を聞いて安心したという話だった。また，「女性が社会に出て働きたいという女性の気持ちを大事にしたい」と述べたＮ君は，母親が小さいときから働きに出ていた家庭で育った。この授業を通して生徒が“自分の育ちを認めること”につながっていったように感じている。生徒たちが子育てに意識をもち，自分の子育てのときに，授業を思い出し夫婦間で話し合いがもてること，さらに母親と父親が話し合って子育てをするという心情的な面だけでなく，子育てしやすい環境を整える条件面についても，意欲的に取り組める次世代となることを期待したい。子育てを考えることは育てられた自分を認めることになり，自分の育ちを認めることにつながるのではないだろうか。生活に活かす家庭科（家庭分野）である。

この授業の実践は，数年前のことで，指導案にある資料はその当時のものである。しかし，このテーマでの授業はまだまだ必要だと感じている。これから授業を行うのであれば，最新のデータが簡単に閲覧できる。その年度に沿って最新のデータを使って授業を展開してほしいと思う。

（石川勝江）

授業の展開「子どもは誰が育てるか」　（石川勝江）

<table>
<tr><th></th><th colspan="2">学習活動</th><th>教師の支援（留意点）</th></tr>
<tr><td>導入</td><td colspan="2">・父親……，母親……，祖父母……。
・父親との思い出が多い。</td><td>・自分が小さいとき誰にどのようなことをしてもらったか。
・父親が子育てをしてくれたのだろうか。</td></tr>
<tr><td rowspan="2">展開</td><td colspan="2">・女性８割，男性２割と感じている人が多い。
・現実は母親任せになっていることがわかる。
・女性の就業は子育てと関係があることがわかる。
①女性のほうが子育てがうまい。
②父親は会社が忙しい。
③仕事は男性のほうが責任をもってやる。
④昔から子育ては女性と決まっていた（母親のほうが子育てには適しているという雰囲気）。</td><td>・「夫婦間役割分担」の表を示す。
・子育てに父親・母親がかかわっている割合をどう感じているか。
・父親の育児参加の大切さが言われている。
・「年齢別女子労働力の推移」労働力調査年表より
・女性は30歳代で労働力が減り，その後増えるＭ字型になっているのはなぜか。
・なぜ子育てをするのに母親が仕事を辞め，子育てを終えると再就職するのだろう。
・母親だけに育児を任されて困っている例を知っているか。
・育児ノイローゼ，母親による幼児虐待を紹介する。</td></tr>
<tr><td colspan="2">・なぜこのポスターが出来たのか。
・父親の社会参加の大切さが社会的に求められていることに気づく。
・保育園の送り迎えで「どうしてお父さんが迎えに来るの？」と言われていたが，３年後には言われなくなった。
・「迎え当番」をする父親が増えてきた。</td><td>・「育児をしない男を父とは呼ばせない」厚生労働省ポスター
・このポスターには賛否両論があったことを紹介する。
・1999年頃は父親の社会参加が求められて啓発運動があった。
・「育休父さんの成長日記」を読み合わせる。
・育児休業は10年前から認められている。</td></tr>
<tr><td rowspan="6">まとめ</td><td colspan="2"></td><td>・自分の子どもが出来たとき。
・「母親として，父親の子育てにどのようなことを望むか，または父親としてどのように子育てに参加するか」</td></tr>
<tr><td rowspan="4">生徒の意見</td><td colspan="2">＊母親が子育てするのも，父親が子育てするのも特に変わりはないだろうから，両親が子どもに愛情をもって育てれば何の問題もない。けれど，自分が父親の立場になったらどうなるかわからない。（男子）</td></tr>
<tr><td colspan="2">＊私は働きたいから，男性に育児をしてもらわないと困る。女性は家事，男性は仕事という習慣は必要ないと思う。（女子）</td></tr>
<tr><td colspan="2">＊日本は男尊女卑の考えがあって，今でも男は仕事，女は子育てという考えが根づいているが，そんな考えはもうやめて，男が子育て，女が仕事というのがあってもいいと思う。</td></tr>
<tr><td colspan="2">＊父親と母親と同じくらいであるべき。最近では女性も責任ある仕事をしている。仕事に対する大変さは同じぐらいなのだから，２人で協力し合うのが自然。私の家には母親がいない。だからいつもご飯をつくってくれるのも父親であったし，父親がいないときは姉が遊んでくれた。
むしろ子ども側は，少しぐらい放っておかれたほうが，何でも自分でやろうとする。べたべたするだけで子どもが育つというわけではない。（女子）</td></tr>
<tr><td colspan="2">・これからの社会をつくる生徒たちが，心情的な変容だけでは解決しない，条件を整える必要があることに気づく。</td><td>・「とったら案外良かった男の育休」朝日新聞2001年10月21日
・「育児休業取得率　世界比較」厚生労働省調査
・実際には父親が育休をとることが出来る家庭はごく少ない事実を伝える。</td></tr>
</table>

Column 8

スポーツシューズの購入

私たちの周りにはものがあふれている。お金を出せば何でも手に入る時代である。子どもたちは次々に新しいファミコンソフトを買い，高い授業料を払って週に３回も塾に通っているのである。こういう子どもたちにとって，ものの価格や家庭経済のしくみをどのようにとらえさせればよいのだろうか。ものを買うときの注意や，家庭の支出の項目を教えるだけでよいのだろうか。

なぜ買うのか，どのように誰とどこで買うのか。そのものは誰がどうやってつくったものなのか。そして，どのような経路で今自分のもとにあるのかまで追求することで，本当の豊かさとは何かまで考えられないだろうか。

ここでは生徒自身が毎日通学や部活動で使っているスポーツシューズを取り上げて，具体的なものを対象にした授業を展開してみた。

通学用のくつと部活動用のくつを教室に持ってきてもらう。実にさまざまなくつがある。16,000円もするバスケットシューズ，半年も洗ってない臭いくつ，お兄さんのお古を大切にはいているくつ，何度も洗っている手入れのよいくつ。そして全員の共通するくつとして，今はいている上ばきを取り上げる。それぞれのくつを調べる。価格，手入れの回数，誰とどこで買ったのか，その他気づいたことを発表し合う。

「10,000円以上もするくつなんて高すぎるよ」
「ぼくは入学してからもう２回も上ばきを買い替えた」
「今まで一度もこのくつを洗ったことがない」
「上ばきはMADE IN KOREA」

発表の後で「10,000円以上するくつを君は買うか」というテーマで討議をした。

「運動するには足のために安物はよくない」
「10,000円あったら僕なら他のことに使いたい」
「自分の小遣いを６か月も貯めてやっと買ったものだ」
「もっと安く売ってる店がある」
「くつなんてはければ十分だ」

結論らしきものはないのだが，普段気にもとめていないくつについていろいろな考えが出てきた。話し合っている中で，家庭の支出の項目や，スポーツシューズの価格の内訳（原材料費，小売り店のもうけ，人件費，運賃，CM料）を示した。

子どもたちには，スポーツシューズという身近なものを見つめることで，たくさんのことが見えてきたのではないだろうか。ただほしいから，カッコいいからと次々にものを買い，手入れもしない自分を考え直すきっかけになればと思う。

（伊深祥子）

4 子どもの成長

「赤ちゃんポスト」を考える

虐待の授業は生徒の実態に関係するので，授業では取り上げられないという教師が多いのだが，私は新聞報道された記事をもとに授業を展開している。この授業が生徒たちの未来の生活への一石となればと考えている。「子どもの成長」の授業の発展として「赤ちゃんポスト･幼児虐待」の授業を取り上げた。

1．生活に活かす家庭科(家庭分野)—子どもの声を交流する授業

近年，虐待のニュースが後を絶たない。その現象に歯止めをかけられないかと考え，義務教育集大成の３年生で授業として取り上げている。幼稚園・保育園（保育所）体験を行った後，「風の谷幼稚園」の取り組みについて映像を通して学習を深め，幼児が育てられる環境の大切さや周りの大人の心がけについて着目した。その後，新聞報道を資料として，赤ちゃんポスト・幼児虐待について子どもの声を交流する授業を実施した。

「私の周りにも皆さんの周りにも虐待の事件は起こっていないかもしれない。でも世の中にはこれだけのニュースが流れている。みんなで考えてみよう」と語りかけることから授業を始めた。

2．生徒が学んだこと

授業を終えた12名の感想を紹介する。とにかく虐待はいけないという意見だけでなく，虐待を受けた子どもへの思いをつづったもの，自らの体験を交えて虐待について記述している感想もある。授業を終えての感想は，学年全員分を印刷して配布した。

○「躾」という理由での“虐待”は体だけでなく心も傷つけることが改めてわかりました。今，この私があるのも，親のおかげということをとても幸せだと思いました。これから私は，もしかしたら子どもを産むかもしれません。そのときは子どもを大切にして，そして親に対して今以上に感謝すると思います。（女子）

○あまりの虐待の数の多さに驚きました。子どもが親の言うことを聞かないから，暴力などで躾けることは，とてもひどいと思いました。子どもの態度が悪いのは，親のせいでもあるのかなーと思いました。子どもが傷つかないためには，親の愛情をしっかり注ぎ，育てていくことが大切なのかなーと思いました。（男子）

○幼児虐待とか本当に信じられないことだったと思う。熱したライターの事件とか，本当にありえないことだと思うし，そういうことされたら，あの新聞に載っていた子みたいに親を恨むと思う。産んだからにはしっかりと育てなくちゃいけないと思った。自分が親になったら絶対しない。子どもがすごくかわいそう。私も簡単に子どもは産まないで，ちゃんと育てられる年齢になったら産むようにしたいです。（女子）

○今日の話を聞いて虐待は，小さい子などは，本当に一生の傷になったり，そういういやなことがフラッシュバックして，大人になってもずっと残る心の傷だと聞いてびっくりしたしすごく悲しい気持ちになりました。

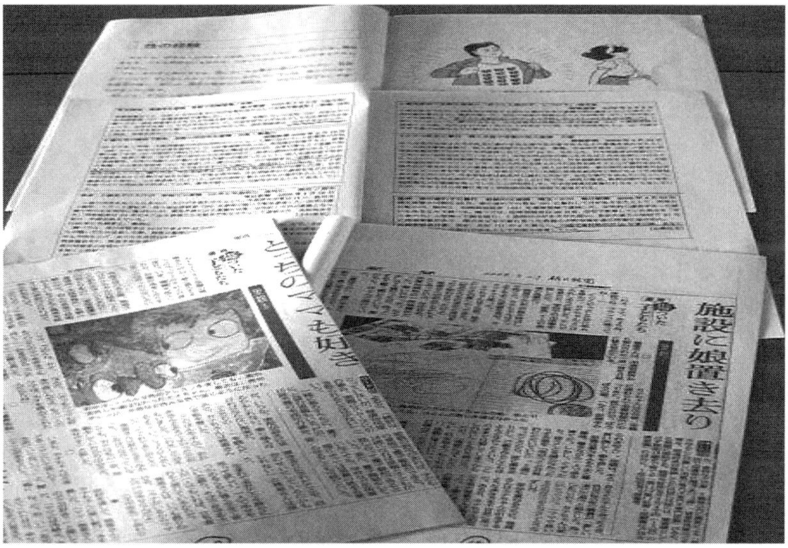

使用した資料

大人の人は，躾などの理由をつけて子どもに暴力を振るっていて，自分には何でそんなことをするのかがさっぱりわかりませんでした。平気でそういうことをするのはおかしいと思いました。心の傷は一生治らないかもしれないし，そのことを思い出したらパニックになり，すごい大変なことだと思いました。小さい子は誰でも最初はよいことと悪いことの判断が出来ないと思うし，それを暴力ではなく，ちゃんと正しい教え方で教えるのが親だと思う。虐待は本当にやってはいけないことだと思う。自分が大人になったら，もっとちゃんとした大人になれるようにしたいし，大人の都合で暴力を振るうようなことはしたくないと思いました。今日習ったことは一生忘れないようにしたいと思いました。子どもは大切にしたいと思いました。（男子）

○カナちゃんの話を聞いていて，私はすごく悲しい思いになりました。私も詳しくは言えないけど，父親との事情があり，今でも心の傷として残っています。いつ，あのときと同じ場面を見てしまうか，いつ起こるかわからないので，とても怖いです。心の傷という心の奥深くに残った傷は，治るかもしれないし，治らないかもしれません。一生残ってしまったら，その子は希望も見えず，この先未来が見えなくなってしまう。愛情という光の道を親がつくってほしいと思います。（女子）

○それは親の心が，まだ育成に向けていないのが原因だと思います。子どもは暴力を振るう親から逃げることも出来ず，ただただ体の傷と心の傷を増やしていくなんて，それほど悲しいことはないと思いました。だから，このことは絶対にあってはいけないことだと思い，そして，私自身が心の準備と子どもを育てるという気持ちをもつまで，子どもをもたないようにしようと思いました。もし，そのときがきて，自分の子どもと同じ立場に立ったとき，男の子でも，女の子でも，このことを教えようと思えるようになりました。（女子）

○虐待というのは，暴力だけでなく心の傷もそうなんだとわかった。心の傷が治るまでは時間がかかる。過去の悪い思い出が思い出される。（男子）

○私は，今こうして自由に学校にも来ているし，一日３食しっかり食べてるし，友だちと楽しく話したりしているけれど，今，このときに親から虐待を受けている人がいるかもしれないと，この授業で考えさせられることがありました。今，私が普通に生活を送れることはとてもすばらしいことだと感じます。これから，虐待によって命を落とす子どもや精神に傷を負ってしまう子どもたちが，いなくなればいい。幸せになればよいと思います。（女子）

○幼児虐待の話を聞いて，とても残虐なことだと思いました。本当の親からの暴力を受けることは，幼児だけでなく，どの年代の人でも，心の奥に深い傷が残ってしまうと思います。また心の傷は，いつ，どこで，治るのかわからないので，もし，そんな子どもと出会ったら「生きていて楽しいこと・うれしいこと」をたくさん教えてあげて，少しでも心の傷が浅く出来たらよいなと思います。自分がそんな幼児たちの立場だったら，絶対今のような明るい充実した生活は出来ないと思います。なので，生まれたときからずっと育ててくれている両親や地域の人々に常に感謝していこうと決心しました。（女子）

○とにかく虐待はいけない。絶対に体の傷はすぐに治るけど，心の傷は100％治るかはわからない。しかも心の傷は，後遺症のようなものになる。しかも，子どもの頃の経験は，一生の経験になる。子どもによい影響を与えたい。もっと日本も虐待に対して，よりよい法律をつくったほうがよい。（男子）

○幼児虐待は殴ったりされる暴力が辛いんだと思っていたけれども，その後の精神のダメージが大きいことがわかりました。（男子）

○PTSDという言葉を知って，自分の体験を思い出しました。１つ目は，３歳くらいの頃，家のお風呂でおぼれてしまい，しばらく誰も気づかなかったということがありました。それから，小学校３年生くらいまで，ひとりでお風呂に入ることを恐れていました。
２つ目は小学校の頃に，クラスメートに暴力を振るわれたことです。背後からいきなりでした。それは，今でもフラッシュバックしてしまうことがあり，後ろに人がいると恐怖を感じることがあります。自分のこととカナちゃんのことを比べてみると，カナちゃんの気持ちがよくわかりました。（雅恵さんに向かって「死ね」などと言ったこと…）僕は絶対に許してはいけない現実だと思います。（男子）

３．授業を終えて

生徒の感想文の中には，自分の成長とPTSDについて具体的な例をあげて感想を述べた生徒が３名いた。私はその数にも驚いた。私はそのことを生徒が文章に出来たことをよしと考えている。自分の生きてきた歴史は変えられない，でも未来は変えられるのだから。

資料として新聞報道の記事を使ったことで，事実としてとらえやすかったようである。自分が今まで育ってきた背景には周りの人々の愛情があることに気づき，感謝する生徒がほとんどであった。虐待のニュースで加害者がよく使う「躾のつもりだった」という言葉も，

授業の展開「赤ちゃんポストを考える」　（石川勝江）

時間	学習内容	教師の支援
1時間め	・資料（赤ちゃんポストの報道記事（2007～2008）・性の経験のプリント・幼児虐待の報道記事（2007～2008）・児童憲章・子どもの権利条約・里親制度の報道記事（2008. 9. 27～9. 31）を綴じる。 ・赤ちゃんポストの記事の内容や赤ちゃんポストが設けられた経緯や使うための条件があることを理解する。 ・記事の中で赤ちゃんポストに入れられていた幼児について取り上げる。 〈なぜ，3歳の子が黙ってポストに入れられていたか？泣きわめくのが普通だろう〉 〈幼児の心や親子の絆はどうなっているのだろう〉	資料を綴じた後，教師が報道記事を読み聞かせる（たくさんの記事の中から，抜粋して読む）。 ・赤ちゃんポストには賛否両論ある。皆さんはどう考えるか？今の気持ちを書いてください。
2時間め	・前時のプリントから抜粋して赤ちゃんポストについての意見を発表する。 ・『性の経験（愛すること生きること　性ってなんだろう）』（ポプラ社）を読み合わせる。 〈望まなくても子どもは出来る〉〈お互いの性を思いやるということはどういうことなのだろう〉	・意見の中から出来るだけ多く紹介する。 ・性の経験について意見のある人は書いてください。
3時間め	・前時のプリントから抜粋して，性の経験についての意見を発表する。 ・児童憲章や子どもの権利条約について知る。	・意見の持ち主の名前は公表しない（自由な意見を発言させたいため）。
4時間め	・新聞報道をもとに里親制度について知る。 ・里親①～⑤　朝日新聞シリーズ（2008. 9. 27～9. 31）を読み合わせる。 ・子どもが育つということは，かわいくて楽しい場面ばかりではない。さまざまな困難もあるし，子育てする側は自分の遊びたい・休みたい欲求を我慢しなければならないことも多々あることに気づく。 ・自分が現在まで成長するには，周りの愛情とサポートがあったことに気づく。	・PTSD（心的外傷後ストレス障害）について紹介する。 ・体の傷は癒えるのがわかるが，心の傷は見えないし癒えたのがわかりにくい。心に傷をつけることの恐ろしさを理解させる（現在の自分たちの学校生活に置き換えて考えさせる）。 ・授業を終えての感想を書かせる。

授業を終えての感想は別に印刷し，全員に配布し，読み合わせの時間をもつ。

躾と虐待の境目の判断についても考える機会となった。授業終了後の生徒の意見を次の授業で紹介しながら進めた。3年次の限られた時数で行う授業では，効果的であったと感じている。高校では，意見の交流まで実施できるだろうと考えている。

（石川勝江）

4 子どもの成長　絵本製作

くるくる変わる変わり絵

—こんな子に育ってほしい—

「手は飛び出した大脳」である。自分も楽しく，手先を使ってつくれるもの，幼児にとっては次に何が出てくるのか期待感のある構成物，そしてある程度の手応えのあるおもちゃづくりとして変わり絵をつくった。作品の発表会も意味のあるものになった。

1. 変わり絵にいたるまで

おもちゃづくりで実践していた絵本づくりは，ページ数や1ページの画面の広さで，得意な生徒と不得手の生徒がいるように思える。物語を考えてからページに起こす難しさがある。また，製作時間もかかる。そこで次のようなおもちゃづくりを実践していった。

①センチ角材を3㎝の積み木づくりからつくり，着色したもの（6面構成・写真1）。

②かまぼこの板やベニア板を糸のこで切り，ピースをつくり，着色したもの（2面構成・写真2）。

これらのおもちゃは，幼児に語りかける場面が少なく，幼児とふれ合うには弱いと思っていた。また，製作に時間がかかることも欠点だった。そこで次に取り組んだのは伸びるカードである。

③伸びるカードはストーリー性が少し出る。語りかけの工夫が出来るし，飛び出す絵本のような隠れて見えなかったものが見え，画面の広がりが驚く要素である（3面構成・写真3）。

写真1：積み木（おさる）

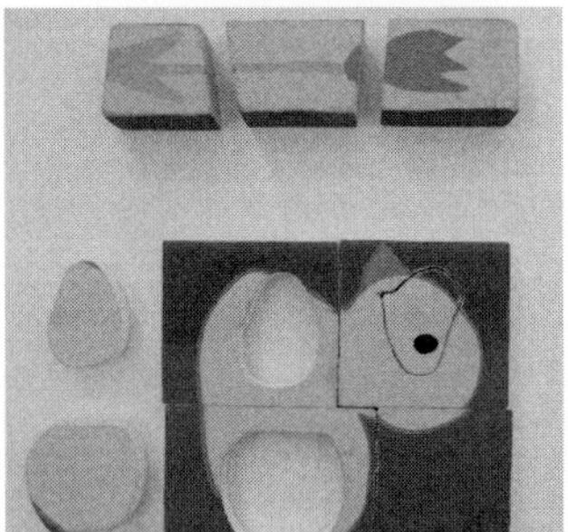

写真2：かまぼこの板（あひる）

写真3：伸びるカード（△が伸びて怪獣になる）

授業の展開「くるくる変わる変わり絵」　　　　（菅野久実子）

	学習活動	教師の支援（留意点）
	1時間め	
導入	・テーマをもつことがわかる。 ・役のイメージをつかむ。 ・テーマと変わり絵の内容の関連性をもたせることを理解する。	○作品例を持ち寄って完成後の発表方法を伝える。 ①どんな子どもに育てたいかを考えること。 ②自分が決めた役になりきって完成作品を発表すること（保育士，父親，お姉さん，地域の人など）。 ③生徒を幼児に見立てて語りかけながら発表する方法を示範する。
展開	○練習用変わり絵づくり ・折り方を知る。 ・４面変化するか確認する。	画用紙に練習用の正方形を印刷する。 ３cm×３cm正方形
	2時間め	
展開	○製作の手順がわかる（夏休みの課題）。 ①テーマを決める。 ②テーマに沿ったストーリーを考える。 ③ストーリーを４面に起こす。 ④下絵を描く。 ⑤着色する	○夏休みの課題として製作の手順を示す。 ○評価のめやすを伝える。 ＊テーマがわかる。 ＊色がきれいである。 ＊ていねいに仕上げてある。
資料	・ケント紙で台紙を作成する。 ・４面変化するか確認して夏休みに製作する。	・ケント紙（７cm×７cm）　KMK200　４つ切り ・ケント紙は半分残るが失敗用として使用。
	3時間め（夏休みあけの授業）　発表会（班発表からクラス発表へ）	
展開	○班員を幼児に見立て発表する。 ①自分の役を決める。 ②聞く側も幼児の気持ちになる。 ③２・３名の発表者を選出し，クラス発表をする（他者発表評価シート使用）。 ・クラス発表や班発表の感想を書く。	○発表の手順を示す。 ・他者発表評価シート

2．変わり絵の特徴

伸びるカードに続いて変わり絵に取り組んだ。変わり絵には次のような特徴がある。

・製作者が手先を使うことが出来る（正方形を描く，ハサミで切る，折る，のりづけ，着色をするなど）。
・４面がからくりのように出てくる不思議議感があり，発表では生徒からも「うおー」という驚きの声が出て製作者も楽しめる。
・変わり絵にも絵本の要素があるが，物語の構成が４場面と決まっているため，物語の内容も作成に見通しがつきやすい。生徒から「起承転結だね」という言葉が出てくる。
・年長の幼児なら自分で手先を使ってめくることが出来る。
・作成時間が短い（夏季休業中の課題とすると，さらに時間短縮になる）。

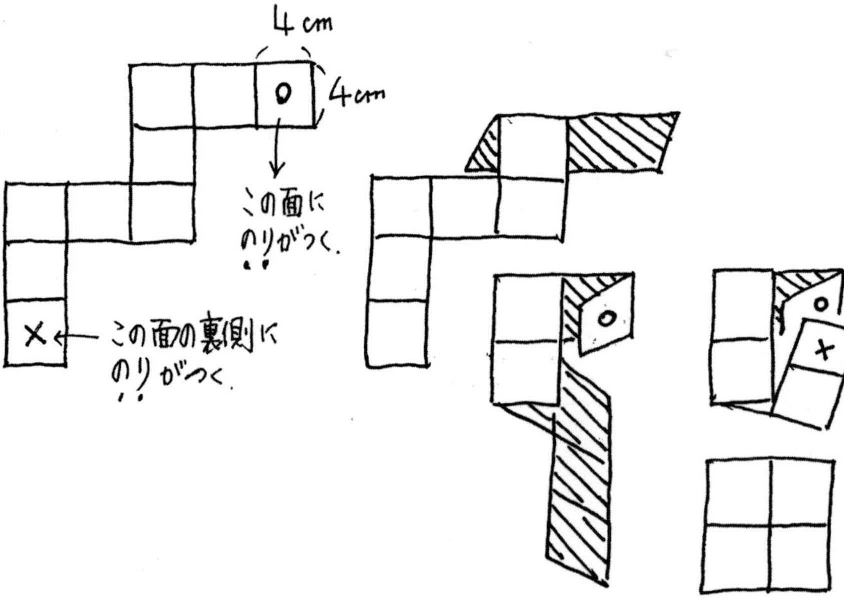

変わり絵本の折り方

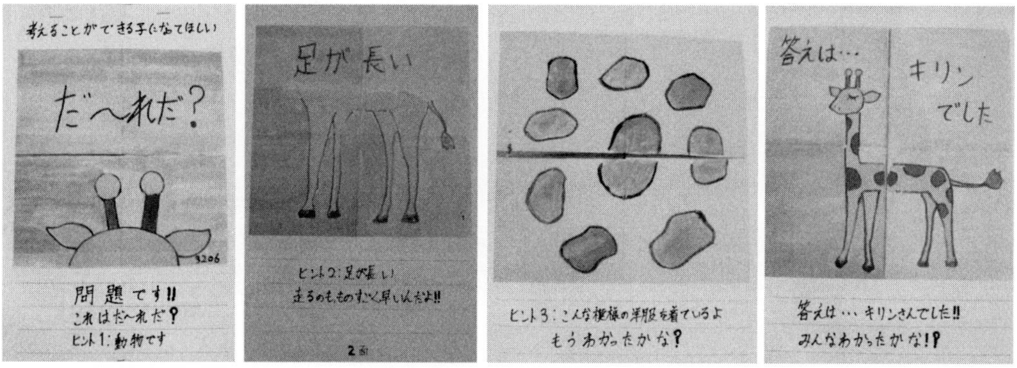

写真４：変わり絵（だ〜れだ？）

以上の理由から，くるくる変わる「変わり絵」（参考：『ゲーム・パズルをつくろう』（小峰書店））を製作することにした。

3.「こんな子に育てたい」テーマを考える

自分のことを振り返り，親は自分がどんな子に育ってほしいと思っているのだろうかと生徒に問うと，「優しい子」「頑張る子」「他人に迷惑をかけない」「スポーツが出来る子」と出てきた。普段親から言われていること，そんな気がするでもいい，生徒からの声を拾う。そこで自分が親だったら，保育士だったら，お兄ちゃんやお姉さんだったら，地域のお兄ちゃんやお姉さんでもよいのである。「どんな子に育てたい」「地域にこんな子がいてほしい」「こんな子に育ってほしい」と思うのかを考える。その願いが変わり絵のテーマになる。そして，テーマに沿った話の内容になるように物語を組み立てることを伝える。作品の完成後は，発表会をすることも伝え，教師が見本を使って発表の方法も見せる。

写真５：変わり絵（努力する子に育ってほしい）

4．班発表からクラス発表で仲間の人柄がわかる

はじめは班内発表である。司会進行は班長に任せる。はじめは恥ずかしがり，自分がその役になりきれずに声も小さくモジモジしていたり，作品に自信のない生徒はとても短いストーリーになったりするが，班員たちが幼児になって反応してあげているうちに少しずつ会話調の語り発表になっていく。生徒の中には「おまえは，こういうことが言いたいんだろう？」とその作品をあずかって語り始める生徒もいる。周りの生徒も「○○君のほうがよくわかる！」本人も「そう，そう，そういうこと」とか「あっ！そうか」と語り方を学ぶ生徒もいた。

班発表で練習してから実施するクラス発表は盛り上がる。ざわざわして発表が始められないと，発表する生徒は，教師のほうを見て「静かにさせて」とか，「始めていいですか」という視線を送ってくるが，「自分でどうにかしなさい」という視線を返すと，「さあーみんな集まってー」とか「お話が始まるよー」とか，発表者は注意を引きつける言葉を発し始める。聞く幼児側も「どんなお話！早く！」などと反応すればクラスはそれだけで温かい雰囲気に包まれる。協力してあげようという気持ちが表れる。

「あいさつが出来る子になってほしい」の発表では，絵を見せて語った後で，

発表者：「いっしょに言ってみよう」「こんにちは！」

聞く幼児側：「こんにちは」

発表者:「声が小さいよ，もっと元気よく！」

聞く側：「こんにちは！」

発表者：「そうだね」

と発表者は褒める。幼児側の生徒たちは褒められてニコニコ顔である。

5．発表会をすることの意味

この発表会で気づいたことがある。

①４面の中でストーリーを組み立てるが，生徒の作品「努力する子に育ってほしい」は，

男の子が虫とり網を持って蝶を追いかける。捕まえたと同時に男の子は転んでしまい，蝶は網から逃げていってしまう。でもその男の子はまた走り出し蝶を追いかける１面に戻る。このパターンは限りなく繰り返し続けることが出来る。４面でストーリーは終わるものと思っていた私も生徒も，発表者の独創性に驚いた。

②発表者は，話に引き込もうと声をかけたり，よい反応を幼児（聞き手は生徒）が示せば褒めるし，中には，幼児（聞き手は生徒）が発表者を困らせるような言葉を投げても「間違っている」とか「うるさい！」と言った言葉を発表者は言わない。このことは感情で叱らず，怒らずに言葉を探しながら諭すような心になっているということである。

③言葉で発表することで，自分のテーマがさらにはっきりしてくる。発表を聞き合うことで子どもに対する願い，テーマがいろいろあることがわかる。

④子ども像を通して，その気持ちに寄り添うことが出来る疑似体験が出来る（作品はふれ合い学習に持参する）。

おもちゃづくりの題材は「変わり絵」でなくともよいと思う。大事なことは発表すること，仲間の作品を見ながら聞き合うことである。発表することで，つくっただけでは得られない広がりが出てくる。

（菅野久実子）

【参考文献】

１）藤澤英昭，『ゲーム・パズルをつくろう』，小峰書店，(1987).

第3章 評価を授業づくりの視点から考える

第1節

評価を授業づくりの視点から考える

1．評価とは何か

(1)教育評価としての評価

学校教育における評価は，一般には，児童・生徒を対象にしたものと思われがちである。教育課程審議会答申・評価規準参考資料（平成16年３月）は，児童・生徒の評価に限定して述べているが，児童・生徒を対象とする評価は評価の一部にすぎない。

1951年の学習指導要領では「教育課程の評価」の章があり，「教育課程の評価は，教育課程の計画，その展開とともに，児童・生徒の学習を効果的に進めていく上で欠くことが出来ない仕事である」と教育課程の評価の必要性を述べている。その後，学習指導要領に法的拘束力がもたされ絶対視化される中で，「教育課程の評価」は書かれなくなった経緯がある。

森・秋田は，「そもそも教育とは，『価値』を目指す営みである。『教育評価』とは，価値に照らして教育のプロセスを省察する営みに他ならない。それゆえ，教育評価が変われば教育も変わる」[1)] と述べ，単なる測定・評価の技術上の改革ではなく，従来の人間観・学習観・教育観を根本から問い直すところから教育評価の改革を始めることを提唱している。

児童・生徒を対象とした評価が真に価値あるものになるためには，教師の授業改善や，学校のカリキュラム改善のためにつながる教育評価，つまり教育のプロセスを省察する営みとしての評価が不可欠である。

(2)学びの形と評価

従来の知識注入型の学びを，参加し・探求し・共同し・獲得する学びへ転換することが求められている。学びの形が変われば評価の仕方が変わる。

大田は，「問いに対して何種類もの答えを思い浮かべ，考えるプロセス，問いと答えの間のその子その子の内面構造をとらえることが，本当の教育評価である。問いに対するその子の答え方にどんな選択があったかを見抜くことが必要なのです。そこに教師の専門性の働き場所がある。人間教育にとっては重要な勘どころです」[2)] と述べている。また，佐藤は，「ものごとを認識し表現しながら自分自身をかたどり他者との絆を築く学ぶという行為において，たどたどしい思考や表現は明晰な思考や表現と同じ程度に重要である。明晰な思考や表現が類型的な思考や感情を反復する行為になりがちなのにたいして，たどたどしい思考や表現は，むしろ創造的な思考や表現において十分な威力を発揮すると言ってもよい。あらゆる創造的な行為は，たどたどしい言葉によって探索的に遂行されるいとなみである」[3)] と，述べている。

大田，佐藤が言う学びは，考える学びであり，他者とかかわりながら考え，表現する学びである。逡巡することや，たどたどしく表現することの重要さを述べている，と同時に，これが本来の学びで，教育はこのことを大事にしなくてはいけないというメッセージが伝わる。

では，考えているプロセスを，たどたどしい表現を，どのように評価をすることが出来るのだろうか。少なくとも，現在進行している細かい評価規準と基準で評価し，数字や記号で表すことが出来る評価ではないであろう。教育の質，学び方の質が問われ，それにふさわしい評価の方法が問われている。

また上記のことは，生徒を評価する場合に，「問いに対して"正解すること"や"明快に答えること"が，必ずしも最良とは言えない」という，教師の認識が大切であることを教えてくれる。

(3)成長のメッセージとしての評価

梶田は「評価規準の作成･活用の進め方」[4]の説明の中で，「評価の原点から見ると，評価とは『成長へのメッセージ』である」と述べている。

「成長へのメッセージ」となる評価とは，児童・生徒にとって励みになり，厳しくても光を見いだすことの出来る評価であろう。はたして，現在の評価方法は「成長へのメッセージ」になっているのだろうか？出来・不出来の烙印をおす「値踏み」になっていないだろうか？絶望しか与えられない生徒をつくっていないだろうか？　次に検討してみる。

2.「目標に準拠した評価（いわゆる絶対評価）」とその問題点

長年行われてきた「相対評価」は，必ず出来ない子がいることを前提にし，排他的な競争を常態化させ，学力の実態を反映しない非教育的な評価であり，教師は自らの教育活動を評価できない評価方法であった[5]。その意味において，今回の教課審答申は，戦後の教育評価を大きく転換させるものであろう。しかし，さまざまな問題を含み，子どもへの「成長のメッセージ」になるどころか，子どもを萎縮させ，伸びる芽をつみ取ることにもなりかねない下記のような状況を引き起こしている（ページ数の関係から④⑤を中心に述べる）。

①学習指導要領の文言を観点別評価の欄に押し込んだだけの評価規準であり，実際は相対評価になっている。

②参考資料である「評価規準参考資料」が，現実にはさまざまな強制力をもって事態が進行している。

③質の異なる観点別評価を数値化し評定換算することが求められるが，その評定は意味のないものになる。

④「関心・意欲・態度」は評価対象にすべきではない。柴田は，「関心や学ぶ意欲・態度（やる気）は「学ぼうとする力」であり，「学んだ力」「学ぶ力」とともに学力概念の重要な一要素である」[6]と述べている。しかし，「関心・意欲・態度」は情意領域に属するものであり，「関心・意欲・態度」の評価は，教師の主観そのものになる。

また，子どもが外に表す行動は必ずしも内面と一致するわけではない。その内面を評価することは，子どもに評価のための行動を強要しかねない。現に「関心・意欲がある態度を先生に見せなさい，と塾で指導された」と話す生徒もいる。「情意領域に関わる評価項目を観察可能な，したがって，測定可能なものに置き換えることは，きわめて表面的な把握に押し止めてしまいかねない」[7]という危険性は大きい。全国到達度評価研究会では「教科への関心や意欲など，情意的な教育目標については，指導要録・通知表で独立した項目として評価することはせず，指導改善の指標として，子どもを励ます方向での記述的な評価を工夫すべきである。」[8]と主張している。

授業は，指導と評価の連続である。関心・意欲・態度こそ，授業の中で教師が直接声をかけ，言葉で伝えたらよい。数値換算して評定に組み入れることは，児童・生徒にいつも緊張を強いることになり，学ぶ意欲を失わせかねない。

⑤「説明責任」「多面的評価」が「指導より評価」「逸脱・失敗探し」になる可能性が大きい。

教師は教育活動のさまざまな場面で日常的に評価をしている。特に家庭科や技術・家庭科のように実習をともなう教科では，授業時間の中で日常的に，褒めたり，励ましたりする声かけによる評価活動が行われている。また，作品やレポートなども含めた多面的な評価を行ってきた。今回の評価方法の変更において，多面的な評価をするように求められたことは当然である。

一方，説明責任が求められている。生徒や親からの開示請求があったときに，正当な理由を提示できる資料が必要とされる。管理職も教師が主体的に責任をもって評価しても，開示請求があったときに問題を起こさないために，参考例に合わせることを強要する例がある。

授業の中で，求められる裏づけのある40人近い生徒のデータをきちんと残すのは至難な技である。ある教師は「以前は“ここはこうすればいいのよ”と，手を出して指導していたのに，指導する前に，まず評価してしまう」と悩みを話した。子どもの小さな逸脱や失敗を探すように教師自身が追い込まれる。ひいては，評価のデータを残しやすい教材を使った授業，評価のための授業になる危険性がある。〈例１〉はこの

〈例１〉「キュウリの小口切り○分間に○枚切れた」を評価することについて

「きわめて，はっきりしたデータが出るので，根拠を示せと言われるのにはいい教材だ」「上手に包丁を使えるかどうかは，その子どものそれまでの生活経験による。だから，授業で初めてキュウリ切りをやって，ABCで評価するとすれば，授業における指導の成果を評価しているのではなく，それまでの子どもの経験を評価していることになる。家庭科（家庭分野）の実技も予習をしてこなくてはいけなくなる」「もし，キュウリ切りを実技テストとするならば，１回授業でやって，ある期間をおいて練習して臨めるようにするべきでは」「生徒の値踏みになってはいけない。評価は指導につながるものでなくてはいけない」「評価のために指導しているのではない」「私はコレとコレで評価を出していくということをはっきりさせる。自分の評価がはっきりしていないので，客観性がほしくなる」

ことをめぐって，研究会で討議された内容である。

授業中に子どもを判定するチェックマシーンになっている教師の姿が見られる。そして，やっている教師自身が違和感をもっている。何のためにそのような評価をするのかが問われる。常に教師がそれを問い続けるためにも，判断力をつけるためにも，上記のような討議できる研修の場が必要とされる。また，説明責任に対しては，教師が自ら行った評価に自信をもち，管理職も教師の主体性・独自性を尊重し，生徒・保護者に誠実に対応し，理解を求める以外に方法はない。さまざまな問題を抱える現在の評価方法である。では，どのようにすればよいのかを授業づくりの視点から考えてみる。

3．授業を変え，子どもを伸ばす評価

⑴指導と評価の一体化

評価基準参考資料は，研究開発の留意点として，「学校における評価が，評価のための評価に終わることなく」「指導にいかす評価を充実させる（指導と評価の一体化）」ことをあげている。

評価には，教育活動前に学習の前提となるレディネスが事前に形成されているかどうかを把握するための**診断的評価**，指導過程の途上で教育目標に応じた成果が得られているかどうかを把握するための**形成的評価**，一定の教育活動が終わった際の**総括的評価**がある。

その中で特に形成的評価は活動の過程に関するデータ（評価情報）を学習活動の改善に生かすことが求められる。このような教育評価の機能は，教育実践と教育評価の活動を表裏一体のものとしてとらえ，「指導と評価の一体化」によって可能である。しかし，「一体化」には「過程重視」という考え方と「活用重視」という考え方があり，そのどちらを行うかによって，まったく評価の意味が異なってくる。

⑵子どもの成長の芽をつむ評価（過程重視）の危険性

「指導と評価の一体化」と言うことで，指導の途中での評価項目を設けて，それを最終的な評定に組み入れている例が多くある。しかし，子どもは試行錯誤することによって学んでいく。教師にとっても，指導の途中の形成的評価は，指導改善の指標になるものである。

もし，この学習途中での形成的評価が，評定に組み入れられるとなれば，子どもは間違うことを恐れる。学びの過程で大事な試行錯誤をしなくなる。教師が，失敗しても間違ってもやり直せる，また取り組むことが出来るという安心感（教師の前向きな肯定的な対応による）を保障してやることが必要である。決して，チェック魔になったりするような評価はすべきではない。「教室は間違えるところだ」という書を教室に掲げる教師がいる。今求められているのは，この言葉に表される，学びの本質をねじ曲げない教師の姿勢であろう。

⑶授業を変え，子どもを生かす評価（活用重視）

伊深の授業〈第２章❷コースターを織る〉

は，「評価が変わると授業が変わる」「評価を教師が子どもを判定するものではなく，その授業が子どもにとってどういうものであるかを考えるものであるととらえることで大きく授業が変わっていった」と報告している。菅野の授業〈第１章❶魚丸ごと一尾の調理〉は，評価を授業改善につなげた実践である。「研究会で授業案や評価規準・基準を討議してつくり，生徒の書いたものを討議することで，“評価のための授業ではなく，生徒にとっても，教師にとっても，よい授業づくりになる”」と，研究会（2003年１月６日）で述べている。

4．評価を，教育のプロセスを省察する本来の営みに

⑴教育評価としての評価

上記の伊深，菅野の授業のように，評価が授業改善に結びつくときに，教師・生徒双方にとって評価が生きたものになる。

生徒がどの程度目標に到達したかは，授業の方法と深くかかわってくる。授業の目標は適切であったか，授業における教師の指導方法はよかったか，教材は適切だったか，カリキュラムはどうか，学習環境はどうかなど，授業する側を評価し，改善に結びつけることが必要である。評価活動を通して，学びとは何か，を問い続けるような評価活動が求められる。

⑵教師の専門性を高め自信をもって評価できるために

教師は児童・生徒と接する中で，日常的に褒めたり励ましたりしている。それは評価から始まる行為である。教師の力量を高めるには，先に「はじめに－２．どのように授業づくりを進めるか」（４ページ）で述べたように，具体的授業実践をもとに，率直に意見を出し合って検討することである。授業をVTRで録画して生徒の反応を見たり，生徒が書いたものをもとに話し合う中で，授業と評価とが結びつき，自分の評価に対する考え方が修正されていく。「目標」も討論の中で，焦点がしぼられ，枝葉がそぎ落とされていく。教師の専門的力量がつく。そして，自分がつくった評価規準・基準に自信をもって評価をすればよい。もちろん常に再検討され修正していかねばならないことは当然である。

併せて，意味のある評価を行うために，教員のもち時数を減らし，研修の時間と場を保障し，学級定員減などの教育条件の改善を要求していくことが必要である。

本稿は，『市民が育つ家庭科』大学家庭科教育研究会編（ドメス出版，2004年）に掲載された，野田著「評価を授業づくりの視点から考える」を一部省略・修正したものである。

（野田知子）

【参考文献】

１）森敏昭・秋田喜代美，『教育評価－重要用語300の基礎知識』，p4，明治図書，(2000)．

２）大田堯，『なぜ学校へ行くのか』，p154～155，岩波書店，(1995)．

３）佐藤学，『授業を変える　学校が変わる』，p29，小学館，(2000)．

4）梶田正巳，「各学校における評価基準の作成」，『中学校　評価基準の作成と活用』，p6.
5）田中耕治，「教育評価の新しい考え方」，p8，『新しい教育評価の理論と方法Ⅰ』，日本標準，(2002).
6）柴田義松，『学び方の基礎・基本と総合的学習』，明治図書，(1998).
7）加藤幸次，「関心・意欲・態度」の評価規準」『授業研究21』，明治図書，(2001年5月).
8）2002年８月９日，第19回全国研究集会報告，到達度評価研究会HPより.

真正な評価 (authentic assessment)

評価は，テストのみの評価からより自然で真正な文脈における評価へ移行しつつある。ペーパーテストだけでなく，パフォーマンス（成果）で評価し，共同体のメンバーの複数で評価することが教育評価でも必要ではないかと真正な評価が注目されている。

パフォーマンス評価とは，子どもの「考える力」を伸ばす評価方法として，授業で学んだことを図やイラスト，壁新聞や身体表現，スピーチ，実験，完成作品（プロダクト）など多彩なメディアを使って表現させ，その「作品（パフォーマンス）をもとに評価する取り組みである。パフォーマンス評価のひとつにポートフォリオがある。ポートフォリオづくりをとおして，学習者が自らの学習のあり方について自己評価することを促すとともに，教師も学習者の学習活動と自らの教育活動を評価するアプローチである。

これまでの家庭科の授業では，パフォーマンス評価が普通に行われている。「魚丸ごと一尾の調理」でのいわしの思いや言いたいことの表現 (p.10)，「絵本で学ぶ子どもの成長」での絵本の分析 (p.39)，「家庭分野の授業開き」での紹介したい理由の発表 (p.44)，「コースターを織る」で製作した作品 (p.48)，「くるくる変わる変わり絵」の発表 (p.91) などは，いずれもパフォーマンス（成果）による評価である。

家庭科は，子どもの生活から始めて，子どもの生活にかえる教科である。であるからこそ，ペーパーテストだけではなく，自然で真正な文脈における評価が必要な教科である。家庭科の評価がより真正な評価となるために，教師だけが評価するのではなく，子どもどうしの相互評価や子ども自身の自己評価の取り組みが必要なのではないだろうか。

(参考文献)

1）田中耕治編著，『パフォーマンス評価』，ぎょうせい，(2011).
2）西岡加奈，『教科と総合に活かすポートフォリオ評価法』，図書文化，(2003).

第2節

教員養成大学で「評価を」学ぶ

1.「評価」をめぐる状況

2002年に相対評価から絶対評価への転換がされ，現場の教師による実践研究では「評価」の研究が多く実施されている。しかし，日本家庭科教育学会誌においては，「評価」をデータとして使っている研究はあるが，「評価」そのものの研究は見られない。教育現場においては，絶対評価の導入によって目標に準拠した評価が求められ，各学校において綿密なルーブリックがつくられ，ルーブリックに準じた観点別評価が実施されている。また，指導と評価の一体化が提唱され，ルーブリックに示した目標が到達される授業展開が求められている。近年，子どもの学習活動をありのままに，そのまま取り上げる評価を行う真正な評価（Authentic Assessment）として，パフォーマンス評価やポートフォリオ評価が注目されてきている。

本論は，家庭科の教員養成において家庭科の授業における「評価」をどのように学ぶことが出来るか，家庭科の教員として評価をどうとらえることが出来るのかを大学の授業で実践した報告である。これまで現場の教師としての「評価」は子どもを値踏みすることではなく，「評価」は授業づくりであるととらえて授業研究を進めてきた。「評価」は授業の中で子どもをよく見て，子どもが何を学び，何が出来て，何がわからないのか，何を必要としているのかを見ることである。そして，そこから授業をつくっていくことが「評価」の目的である。「評価」することによって，その授業の目的を見直し，新たな目標が決まっていくこともある。その意味で「評価」は授業づくりであると考えている。本論では，教員養成大学において大学生は「評価」をどのようにとらえていて，「評価」について学ぶことでどんな「評価」観をもつことが出来たのかを提示する。

2. 大学生は「評価」をどうとらえているか

授業のはじめに自分がこれまで受けてきた評価から「評価」をどうとらえているか記述してもらった（表1）。35名の記述に74の内

表1　大学生の事前の評価のとらえ方

基準達成度	27	C
誰がするか	11	C
成績	10	C
主観	9	B
努力	5	A
認める	4	A
相対的	2	C
うれしい	2	A
客観的	1	A
頑張る糧	1	A
自分の基準	1	C
人を見る力	1	A
	74	

表２・表３　教師としての評価の例

先生の名前	関心・意欲	創意工夫	技　能	知　識	評　定
○○先生	B	A	B	A	4
○○先生	B	B	A	B	3
○○先生	B	B	A	A	4

先生の名前	関心・意欲	創意工夫	技　能	知　識	評　定
○○先生	B	B	A	A	4
○○先生	B	B	A	A	4
○○先生	B	B	A	A	4

容があり，12のカテゴリーに分類することが出来た。大学生の事前の「評価」のとらえ方は,「基準達成度」「誰がするのか」「成績」「主観」といった記述が多かった。12のカテゴリーをさらにＡ：評価の意味，Ｂ：評価の難しさ，Ｃ：評価の方法の３つのカテゴリーに分けると，事前の「評価」のとらえ方は，Ｃ：評価の方法（51項目）が多かった。一方, Ａ：評価の意味をとらえている学生（14項目）は少ない。評価とは何かということよりも，これまでの自分が受けてきた評価からは，評価の方法に注目していることがわかった。

3．教師として評価する

次に４人グループをつくり，実際に教師として他の３人を評価する作業を実施した。学校現場と同様に,「関心･意欲」「創意･工夫」「技能」「知識･理解」の４つの観点でＡ・Ｂ・Ｃの評価を行い, 観点別評価に基づいて，５・４・３・２・１の評定をする作業を実施した。表２・表３に教師としての評価の例を示す。この作業の目的は，教師の立場で評価することで，評価には基準をもつことが必要であることに気づくことである。また，表２と表３を比べてみてわかることであるが，評価は基準が違うと評価する人によって変わってしまうことを体験することで気づくことになった。

学生にとっては，今まで評価されることはあっても，評価するという体験ははじめてのことである。あえて，基準は明確に示さなかったので，評価する側が基準をもつことの大切さを身をもって体験することになった。また，評価することの難しさ，評価には主観が入る恐れがあること，評価することが評価する対象にとってどういうものになるのかを考えることが出来た。

4．相互評価

教師としての評価と同じグループで相互評価を実施した。相互評価では，Ａ･Ｂ･Ｃや５・４・３・２・１といった数値による評価ではなく，言葉で具体的に評価する作業を行った。その際，よいところを褒めるときには具体的に褒めること，褒めるだけでなく必ず課題を記述することの２点を指示した。学生が行った相互評価の例を次に示す。

(課題の記述がないもの)

①模擬授業で司会に立候補し，上手に運営してくれました。一人ひとりに鋭いコメントをしていて，場の空気がしまりました。

②漢字ハンターとしてみんなの書き順をチェックしていました。堂々とした模擬授業もよかったよ。

③模擬授業をやりやすいように発言をたくさんしてあげてたけど，調子に乗りすぎなときがあって，怒られてた。

（課題の記述があるもの）

④Rは，模擬授業があまり上手に出来なかったけど，生徒として積極的に授業に取り組んでいました。その姿勢はとても大切です。これからも上手に授業が出来るように，学んでいきましょう。

⑤模擬授業では，生徒に伝えたいという気持ちがよくわかった。他の人の授業もよく聞いて，手をあげたり，発言していたりしていてよかった。あとは，自分の中で明確な目標をもって，動じないとよい。

③積極的に前に出ていこうとはあまりしないですが，大事なときにはしっかりと発言し，誰よりも周りに目を向けていると思います。かげで支えるすごい優しい人だと思います。

課題を記述することが出来なかった学生もいたが，それぞれが相手をよく見て，具体的に評価している。また，課題を記述することが出来た学生は，相手がよりよくなるように考えて記述できている。相互評価をすることで子どもをよく見ることの必要性に気づくことが出来た。また，課題を書くことは相手の成長のためであることも理解出来た。

5．さまざまな評価

次に評価にはさまざまな種類があることを説明した。ここではじめて，今まで講義の中で行ってきた評価が「診断的評価」「自己評価」「教師による評価」「相互評価」であることを確認した（下段参照）。

最後に講義の総括評価として，「評価」とは何かをもう一度記述した。はじめに自分が記述した「評価」とは何かと照らし合わせて，講義で学んだ後に，「評価」をどうとらえるかを記述した。表4に事後の記述を示す。事後の記述では117項目と事前の74項目から記述項目が増加した。また，事前と同様にカテゴリーに分類すると，「次につながるもの・振り返り」「難しさ」「数値より言葉」「主観・あいまいさ」といった記述が多かった。事前の記述では，評価された体験から評価の方法の記述が多かったが，事後では評価の意味と難しさの記述が増えている。

6．事後記述からの課題

事後記述からは「評価」に関する課題も示された。

＊コメントの評価は，実際の学校現場では時

［評価の種類］
評価の基準による分類：相対評価・絶対評価・到達度評価
評価の時期による分類：診断的評価・形成的評価・総括評価
評価の主体による分類：教師が生徒を評価する・生徒どうしで評価する（相互評価）
自分が自分を評価する（自己評価）・生徒が授業を評価する

表4　事後の記述

次につながるもの・振り返り	22	A
難しさ	14	B
数値より言葉	14	B
主観・あいまいさ	14	C
さまざまな評価	10	C
現場での難しさ	9	C
認められるもの	9	A
子どもを見ること	8	A
自己評価の意味	6	A
基準の大切さ	4	B
結果ではなく過程が大切	2	A
その子の頑張り	2	A
全員5の授業を	1	A
完璧ではない自分	1	B
アッピールする子	1	B
	117	

間がなかったり，数が多かったりして大変。

＊評価をする以上，努力だけでなく結果も見なければいけない。

＊「あいまい」という印象が強まった。「正解」を出すのが難しい。

＊ちゃんと見てないとつけられない。先生にちゃんと見てもらえたと知ることが出来る。

＊評価する立場に立つと基準をしっかりもたなければならない。

＊教師の主観が入ってしまう。

＊自分は完璧な人間ではないのに，そのことを棚にあげて人を評価するのは心苦しい。

A子以外にも自己評価について，

＊自己評価は主観的だけど，これなしでは成長できないという点で重要。

＊自分の価値を自分でみつめ，認めるもの。

＊自分でするか，他人からされるかで見え方が違う。両方を行うことで新たな課題や自分の成長が発見できる。

などの自己評価に関する記述が見られた。この授業から評価における「自己評価」の意味について研究する必要性が提示された。それでは，この授業において学生たちはどのような自己評価を行っていたのだろうか。次にＢＣＤＥの４名の自己評価を示す。

Ｂ「教師の立場から授業を考えることが出来た。模擬授業を頑張った（人前で話すことが苦手なんだけど，授業をしたり，発言が苦手な子への対処を自らの気持ちを生かして考えることが出来た）」

Ｃ「授業の中で何が起きているのか，生徒の立場と教師の立場で考えることを学んだ。自分が気づいたこと，考えたことを出来るだけ周りに伝わるようにした。実際に授業を運営するにあたって，どういうことに注意したらいいか考えることが出来た。例えばくせ（身振り・話し方）が生徒に影響を与えること，生徒の反応，気持ちのくみ取

A子の自己評価

難しいと思いました。模擬授業のことで書くならば，みんなはOKだよと言ってくれたけど，友だちの模擬授業の後に，自分の意見をあまり言えなかったので，やっぱり３点かなと思いました。先生は自己評価が大事と言っていましたが，そういうことは自分で気づくことだと思ったので，自己評価は大切だと思いました。そして，次の目標を考えるための指針になるものだと思いました。

り方，自由に意見を言い合い参加できる雰囲気づくりなどです」

D「人の前に立って発表することと，授業を行うことの違いを知ることが出来た。別の授業で学んだ「コメントすること」の大切さを理解して，この授業で実践できた」

E「確かに，自分自身の発表（模擬授業）をすることで，新しい発見もあったのですが，人の授業を何度も繰り返し見ることで，授業の見方を学ぶことが出来ました。最近よく思うのですが，発表して見せる➡人にいろいろな意見をもらう➡改善する，この流れが本当に大事だなって感じます。人に意見をもらえるありがたさをつくづく感じました」

講義の自己評価では，自己評価において自分の学びを客観的に記述していることがわかる。さらに自分の学びを客観的に記述することから自分の次の学びの課題を示すことが出来ている学生もいる。また，学生の自己評価はこの講義の講義評価にもなっていた。学生の自己評価から，この授業で学んでほしかったことを確認することが出来た。また，講義の新たな課題も見えてきた。自己評価は自己評価した人自身の成長を促すだけでなく，講義そのものの新たな内容も要求していた。

7. おわりに

本論は，家庭科教員養成における「評価」の学びの報告である。大学生は「評価」の方法に注目していたが，講義を通して「評価」の意味や難しさをとらえることが出来た。また，評価は子どもをよく見ることから始まることを理解することが出来た。さらに，「自己評価」の意味について気づきが見られ，自己評価の研究が課題となった。しかし，「評価」は授業づくりである，「評価」から次の授業を創りだしていくという点については十分な学びを行うことが出来なかった。真正な評価についての検討とともに「評価」についてさらに家庭科の教員養成においての授業の開発が必要である。

本稿は，愛知教育大学家政教育講座紀要(2012）より抜粋したものである。

（伊深祥子）

資料　使えるレシピ

レシピ1

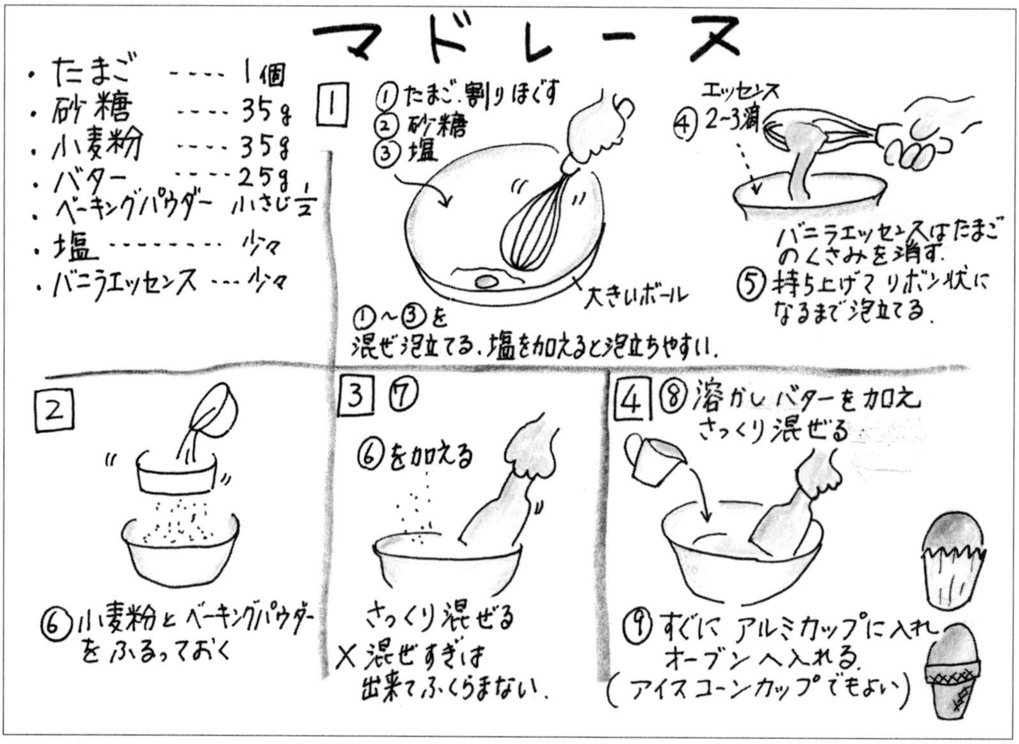
マドレーヌ
・たまご ---- 1個
・砂糖 ---- 35g
・小麦粉 ---- 35g
・バター ---- 25g
・ベーキングパウダー 小さじ1/2
・塩 -------- 少々
・バニラエッセンス --- 少々
1
①たまご 割りほぐす
②砂糖
③塩
大きいボール
①～③を
混ぜ泡立てる。塩を加えると泡立ちやすい。
エッセンス
④2～3滴
バニラエッセンスはたまごのくさみを消す。
⑤持ち上げてリボン状になるまで泡立てる。
2
⑥小麦粉とベーキングパウダーをふるっておく
3 ⑦
⑥を加える
さっくり混ぜる
×混ぜすぎは
出来てふくらまない。
4 ⑧溶かしバターを加え
さっくり混ぜる
⑨すぐにアルミカップに入れ
オーブンへ入れる。
(アイスコーンカップでもよい)

レシピ2

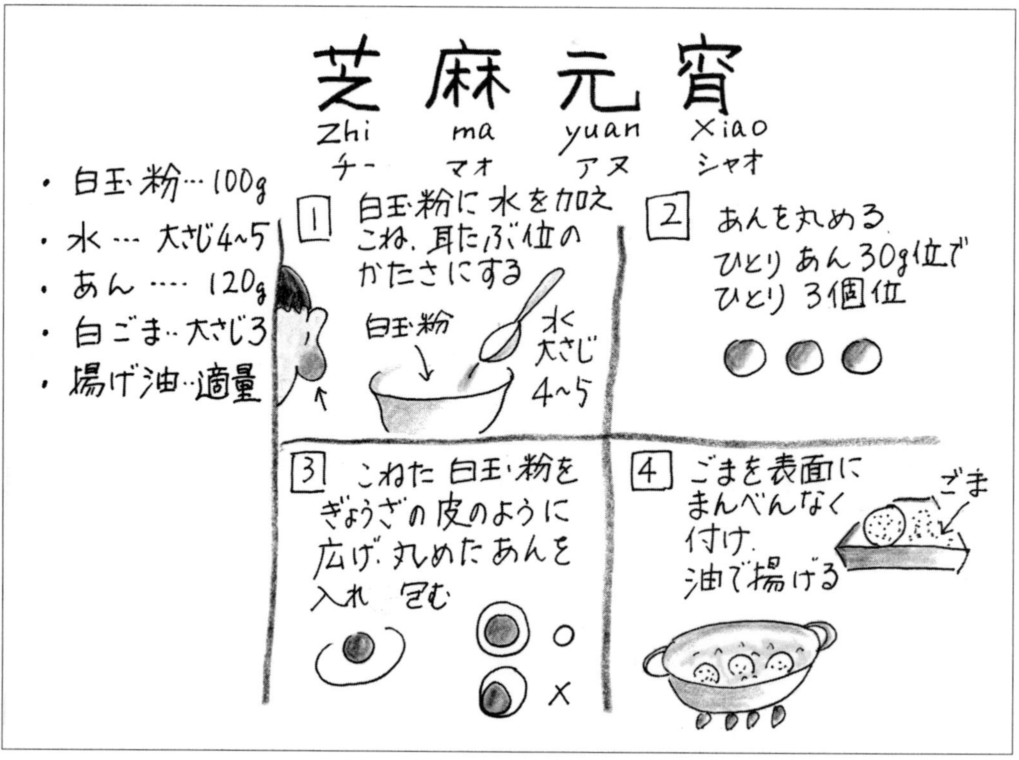
芝麻元宵
Zhi ma yuan Xiao
チー マオ アヌ シャオ
・白玉粉…100g
・水… 大さじ4～5
・あん…120g
・白ごま…大さじ3
・揚げ油…適量
1 白玉粉に水を加えこね、耳たぶ位のかたさにする
白玉粉
水 大さじ 4～5
2 あんを丸める
ひとり あん30g位で
ひとり 3個位
3 こねた白玉粉をぎょうざの皮のように広げ、丸めたあんを入れ 包む
○
×
4 ごまを表面にまんべんなく付け、油で揚げる
ごま

レシピ3

赤しそジュース
・赤しその葉 500g
・クエン酸 100g
・三温糖 500g
・水 500~600ml
1 赤しその葉をよく洗う。
2 大きめの鍋に水500~600ml入れ
沸騰させる
3 赤しその葉を入れる
赤しその葉の赤がぬけ緑色の葉になり茶色の水となる。
4 あくが出るのでよくすくう。
緑色に変わった葉を全て取り出す。
5 クエン酸を入れる
茶色
赤い
きれいな色に瞬時に変わる
6 三温糖(500g)を入れる
甘さは好みで加減する。
7 冷ましてからペットボトル等に詰めかえ
冷やして飲む
このレシピはかなり濃い出来上りとなる
好みで水でうすめて飲んでもよい

レシピ4

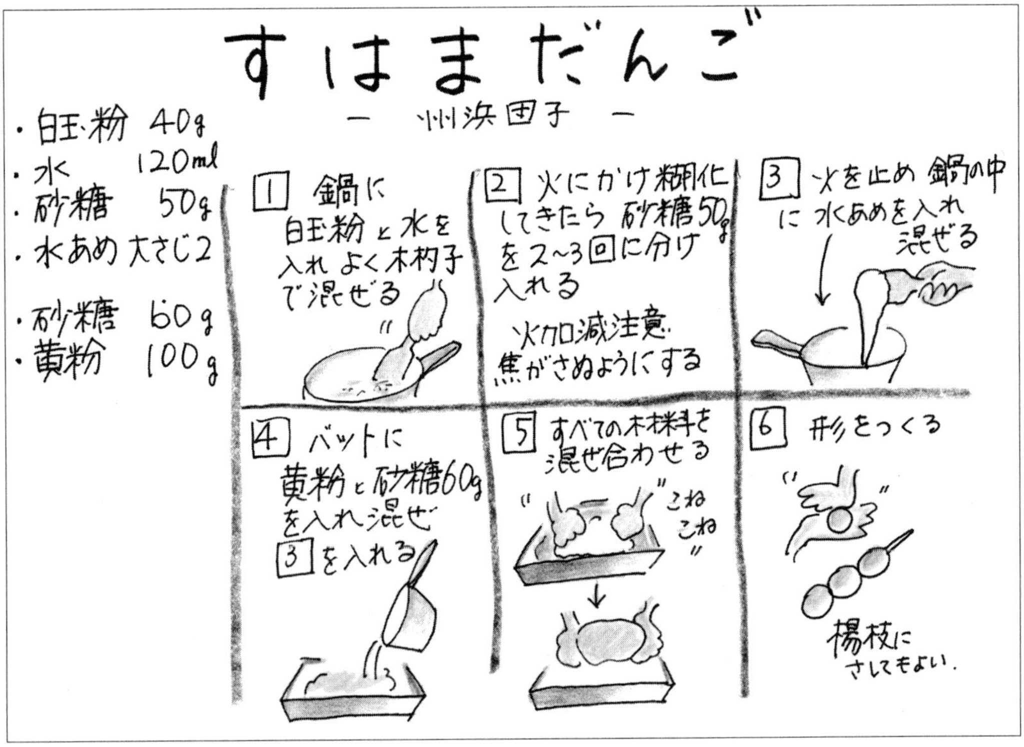

すはまだんご
―州浜団子―
・白玉粉 40g
・水 120ml
・砂糖 50g
・水あめ 大さじ2
・砂糖 60g
・黄粉 100g
1 鍋に白玉粉と水を入れよく木杓子で混ぜる
2 火にかけ糊化してきたら砂糖50gを2~3回に分け入れる
火加減注意
焦がさぬようにする
3 火を止め鍋の中に水あめを入れ混ぜる
4 バットに黄粉と砂糖60gを入れ混ぜ
3を入れる
5 すべての材料を混ぜ合わせる
"こねこね"
6 形をつくる
楊枝にさしてもよい。

※でんぷんの性質を学ぶ授業に利用できる。

レシピ5

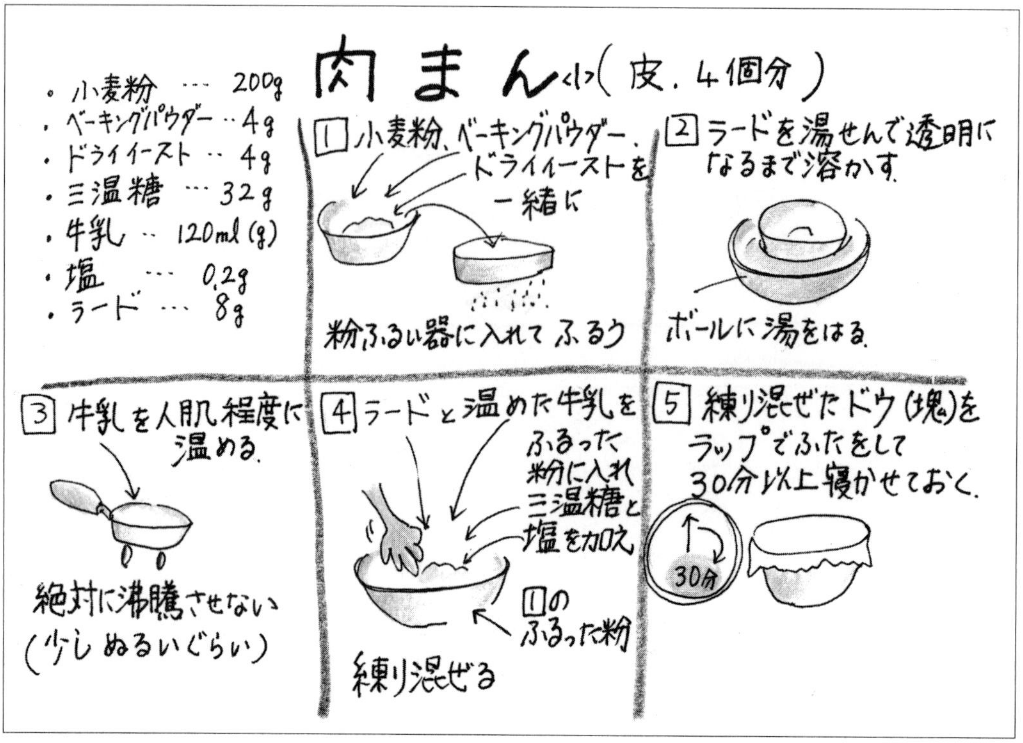
肉まん〈1〉（皮．4個分）
・小麦粉 … 200g
・ベーキングパウダー … 4g
・ドライイースト … 4g
・三温糖 … 32g
・牛乳 … 120ml（g）
・塩 … 0.2g
・ラード … 8g
1 小麦粉、ベーキングパウダー、ドライイーストを一緒に
粉ふるい器に入れてふるう
2 ラードを湯せんで透明になるまで溶かす．
ボールに湯をはる．
3 牛乳を人肌程度に温める．
絶対に沸騰させない（少しぬるいぐらい）
4 ラードと温めた牛乳をふるった粉に入れ三温糖と塩を加え
1のふるった粉
練り混ぜる
5 練り混ぜたドウ（塊）をラップでふたをして30分以上寝かせておく．
30分

レシピ6

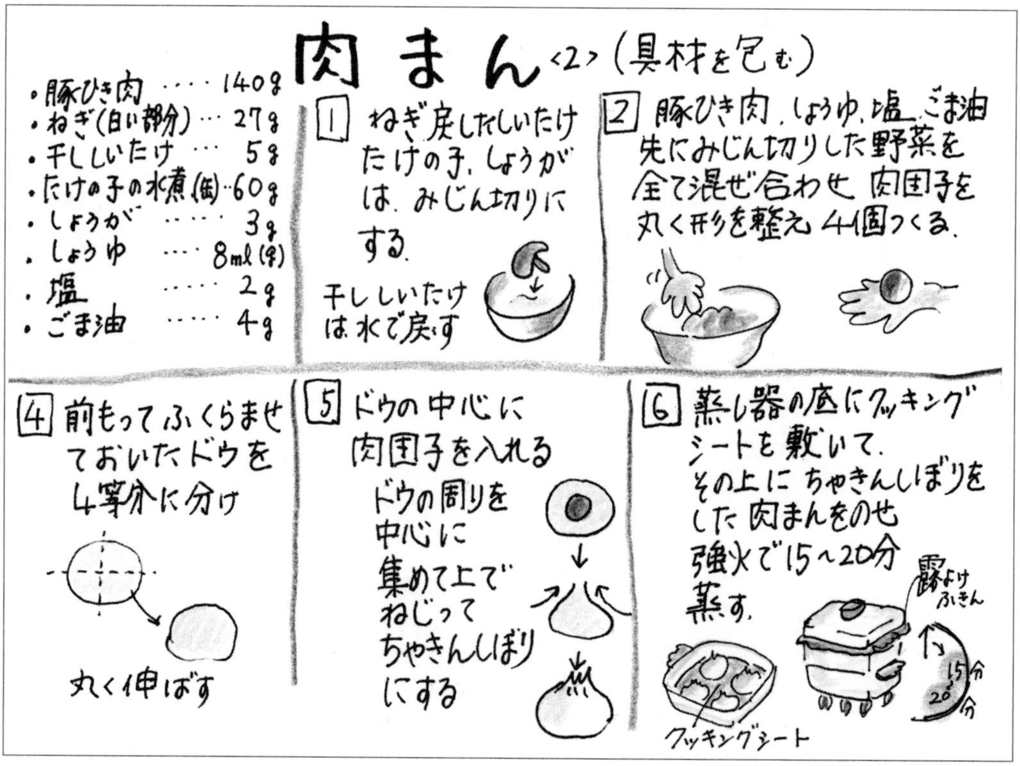
肉まん〈2〉（具材を包む）
・豚ひき肉 … 140g
・ねぎ（白い部分）… 27g
・干ししいたけ … 5g
・たけの子の水煮（缶）… 60g
・しょうが … 3g
・しょうゆ … 8ml（g）
・塩 … 2g
・ごま油 … 4g
1 ねぎ 戻したしいたけ たけの子，しょうがは，みじん切りにする．
干ししいたけは水で戻す
2 豚ひき肉，しょうゆ，塩，ごま油 先にみじん切りした野菜を全て混ぜ合わせ 肉団子を丸く形を整え 4個つくる．
4 前もってふくらませておいたドウを4等分に分け
丸く伸ばす
5 ドウの中心に肉団子を入れる
ドウの周りを中心に集めて上でねじってちゃきんしぼりにする
6 蒸し器の底にクッキングシートを敷いて，その上にちゃきんしぼりをした肉まんをのせ強火で15〜20分蒸す．
露よけふきん
15分
20分
クッキングシート

レシピ7

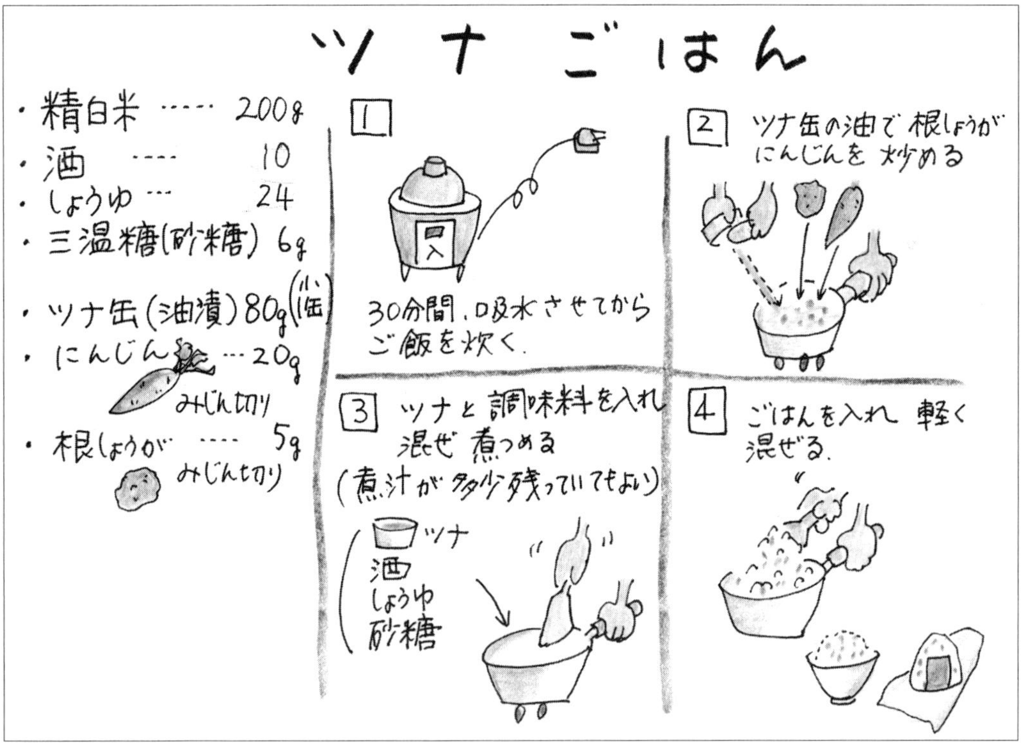

・根しょうが …… 5g

30分間、吸水させてから
ご飯を炊く.
2 ツナ缶の油で根しょうが
にんじんを炒める
3 ツナと調味料を入れ
混ぜ煮つめる
(煮汁が多少残っていてもよい)

4 ごはんを入れ軽く

レシピ8

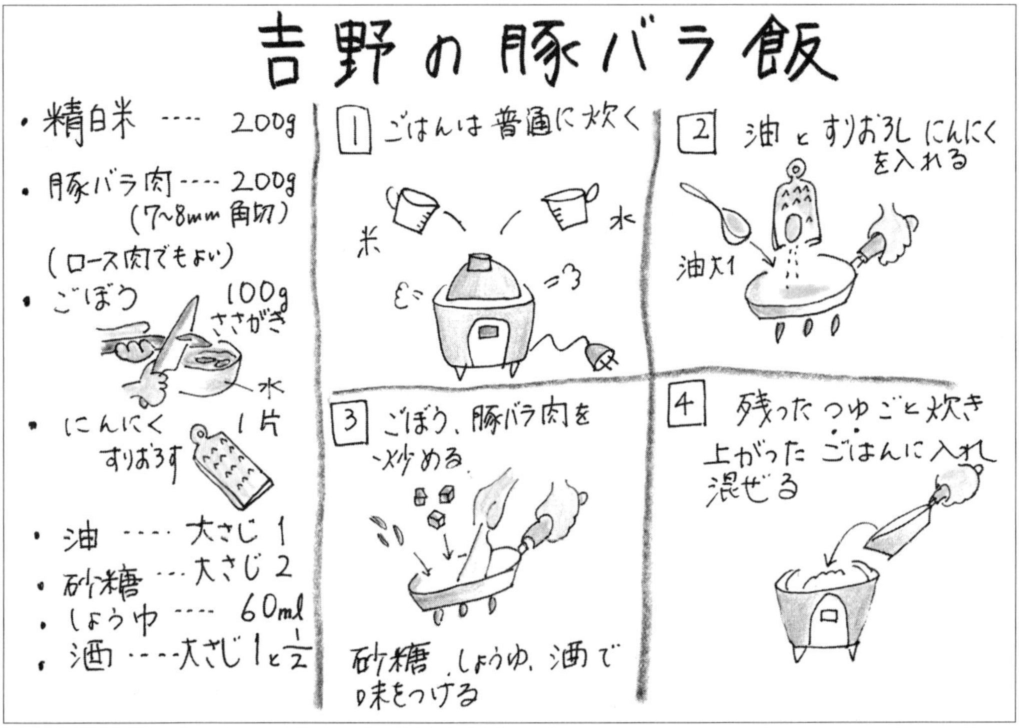

吉野の豚バラ飯
ツナごはん
・精白米 …… 200g
・しょうゆ … 24
・三温糖(砂糖) 6g
・ツナ缶(油漬)80g(小1缶)
・にんじん …20g
・豚バラ肉 …… 200g
(7~8mm角切)
(ロース肉でもよい)
・ごぼう 100g
ささがき
水
・にんにく 1片
すりおろす
・油 …… 大さじ1
・砂糖 … 大さじ2
・しょうゆ …… 60ml
・酒 ……大さじ1と1/2
1 ごはんは普通に炊く
米
水
2 油とすりおろしにんにく
を入れる
油大1
3 ごぼう、豚バラ肉を
炒める.
砂糖、しょうゆ、酒で
味をつける
4 残ったつゆごと炊き
上がったごはんに入れ
混ぜる

※吉野のとり飯を豚バラでアレンジしたものである。

おわりに

この本は，教師の成長の記録である。かなりの経験を積んだ家庭科の教師が，お互いの授業を，授業における生徒の様子を話し合い，授業を改善していった。

ときには，「生徒に，“先生は，生徒の考えを大切にする，と言ったのに，全然大切にしてないじゃない”と言われてしまった」と，授業に対する厳しい生徒の意見も話す。またあるときは，「それはまずいんじゃない？生徒に謝ったほうがいいんじゃない？」と指摘され，次回の研究会で「生徒にあやまりました。そうしたら…」と報告する。お互いに授業に対する赤裸々な報告と歯に衣を着せない意見の交換。しかし，それはつらいことではなかった。お互い楽しんでいた。なぜ楽しかったのか？

研究会は，「評価をどうする？」ということから始まった。そして，「授業をまずやってみよう」ということになり，〈授業案の検討 ➡（評価の検討）➡ 授業 ➡ 授業VTR視聴・生徒の書いたものなどの検討・評価 ➡ 授業案の改善 ➡ 改善した授業〉のように進行することにした。実際は，「授業案の検討 ➡（評価の検討）➡ 授業」までは個人で行い，研究会では自分のやった授業を話すことから始まった。

討議の中で，新しい評価方法の問題点が見えてきた。「評価を教師が子どもを判定するものではなく，その授業が子どもにとってどういうものであるかを考えるものであるととらえることで大きく授業が変わっていった」「授業案や評価規準・基準を討議してつくり，生徒の書いたものを討議することで，評価のための授業ではなく，生徒にとっても，教師にとっても，よい授業づくりになる」など，授業づくりと評価を関連させ討議する中で，“どんな力をつけたいのか”が問われていった。

「授業は教師と生徒でつくる」ということは，教師は知っている。しかし，それは難しいことである。一方的な知識の切り売りになったり，一見すると「生徒とつくる授業」のように見えて，実は教師が頭の中で考えた授業シナリオどおりに進行した授業だったりする。

そのような授業はいけないことではない。しかし，「事前のシナリオどおりの授業でよいのか？」という問いをもつことは必要なことである。なぜなら，はじめて学ぶ生徒の立場からはさまざまな疑問や意見があって当然である。教師がそれらを受け止めて，組み込んで授業をつくり上げるとすれば，当初予定した授業案・授業シナリオは変わっていく。もちろん，生徒が自分の意見を言える雰囲気・環境をつくることも大切なことである。

長い間教師をやっていても，「教師と生徒でつくる授業」はめったにできない。しかし，「授業は生徒とやる中で変化していくものだ」という認識をもつことで，少しでも「教師と生徒でつくる授業」に近づける，と考える。

私たちは研究会に出席して，お互いの報告をし，生徒の様子を話し合う中で，自分の授業が以前よりよくなっていくことに気がついた。「以前だったらこんな授業はできなかった」と思うと嬉しくて楽しくて，忙しさをやりくりして１年に７～８回集まって学び合い，あっという間に10年がたった。

この本は，私たちの成長の記録である。そして，この本を読んでくださる方の可能性のとびらが開く本である。授業づくりや生徒とのかかわり方の参考になれば，幸いである。

この研究会は，2001年３月28日に北区立赤羽文化センターで開催された「評価から授業を考える会」から始まった研究会である。鶴田敦子先生（元日本家庭科教育学会長）の呼びかけによる研究会であった。

2000年12月に中央教育審議会教育課程審議会答申が出され，「目標に準拠した評価（いわゆる絶対評価）を一層重視」「個人内評価の工夫」などが提言され，学校現場でも，評価を巡ってさまざまな論議がされ，研修会や会議が開かれていた。そのような中で，評価に関する動向を注視するも，そもそも「教育評価とは何だろう」というところから考え，具体的な授業を検討してきた。さまざまな情報が交錯し，流れの速い現在社会だからこそ，礎となるものをしっかりと学ぶこと，日常の授業を中心において研究することが，大切であることを学ぶことができた。きっかけをつくっていただき，ご指導をいただきました鶴田敦子先生に感謝いたします。

2013年３月　執筆者一同

■執筆者一覧

石川勝江
元東京都公立中学校教諭
中学校技術・家庭科教科書執筆

伊深祥子
愛知教育大学
元さいたま市公立中学校教諭
中学校技術・家庭科教科書執筆

菅野久実子
元東京都公立中学校教諭
中学校技術・家庭科教科書執筆

野田知子
元帝京大学・NPO畑の教室理事
元東京都公立中学校教諭
中学校技術・家庭科教科書執筆
著書
『実証　食農体験という場の力－食意識と生命認識の形成－』農山漁村文化協会　2009年
『食育・食農教育のための実践テキスト「食べもの」から学ぶ』明治図書　2006年
『「食べる」って何だろう』合同出版　2000年
『牛乳でつくる』民衆社　1986年

（イラスト：菅野久実子）

評価が変わると授業が変わる
―子どもとつくる家庭科―

2013年4月15日　第1刷発行
2015年4月30日　第2刷発行

編著者 ● 編著：伊深 祥子　野田 知子／共著：石川 勝江　菅野 久実子
発行者 ● 大熊 隆晴
発行所 ● 開隆堂出版株式会社
〒113-8608　東京都文京区向丘1-13-1
TEL 03-5684-6116（編集）
http://www.kairyudo.co.jp/
印刷所 ● 三松堂印刷株式会社
発売元 ● 開隆館出版販売株式会社
〒113-8608　東京都文京区向丘1-13-1
TEL 03-5684-6118
振替 00100-5-55343

・定価はカバーに表示してあります。

・乱丁本，落丁本はお取り替えいたします

ISBN978-4-304-02108-4